CHAMADOS
PARA PREGAR

Samuel Valadares

CHAMADOS PARA PREGAR

São Paulo 2011

Copyright © 2011 by Pr. Samuel Rodrigues Valadares

PRODUÇÃO EDITORIAL	Equipe Ágape
DIAGRAMAÇÃO	Francieli Kades
CAPA	Adriano de Souza
REVISÃO DE TEXTO	Iolanda Nicioli
	Lucas Cartaxo

Texto de acordo com as normas do Novo Acordo Ortográfico da Língua Portuguesa (Decreto Legislativo nº 54, de 1995)

Dados Internacionais de Catalogação na Publicação (CIP)
(Câmara Brasileira do Livro, SP, Brasil)

Valadares, Samuel
   Chamados para pregar / Samuel Valadares. -- São Paulo: Ágape, 2011.

   1. Liderança cristã 2. Pregação 3. Sermões 4. Teologia pastoral I. Título

11-11600   CDD-251

Índices para catálogo sistemático:
1. Pregação: Cristianismo 251

2011
Publicado com autorização. Nenhuma parte desta publicação pode ser reproduzida sem a devida autorização da Editora.
EDITORA ÁGAPE
Al. Araguaia, 2190 - 11º andar – Conj. 1112
CEP 06455-000 - Barueri - SP
Tel. (11) 3699-7107 Fax. (11) 2321-5099
www.editoraagape.com.br

Prefácio

A vida é uma incógnita, portanto não se pode calcular seu desfecho; a menos que nos reste apenas aceitar a perfeita vontade divina.

A vontade de Deus é aceita por meio da pregação do evangelho, assim, deve-se ter cuidado de exercer uma comunicação eficaz para que aqueles que ouvem possam assimilar corretamente a mensagem e decidir qual o caminho a seguir.

O pastor Samuel Valadares, por meio desta obra, contribuirá epistemologicamente com o leitor, produzindo, de forma cognitiva, a arte de uma comunicação eficaz, tanto aos pregadores da Bendita Palavra de Deus como aos comunicadores em geral.

Pr. Dr. Marcos Menegone
Presidente da Assembleia de Deus em Barcelona
em Serra - ES

Dedicatória

Dedico este trabalho ao meu Senhor e Salvador Jesus Cristo, aquele que me tem concedido oportunidades que jamais pensei ter, o qual me tirou das potestades das trevas e me transportou para o Reino do Filho do Seu Amor, em quem tenho a redenção pelo seu sangue, a saber, a remissão pelos meus pecados. Àquele que é imagem do Deus invisível, o primogênito de toda criação; porque n'Ele foram criadas todas as coisas que há no céu e na terra, visíveis e invisíveis, sejam tronos, sejam dominações, sejam principados, sejam potestades. Tudo foi criado por Ele e para Ele. Antes de todas as coisas e todas as coisas subsistem por ELE. A ELE, todo louvor, honra, glória, majestade e exaltação para todo sempre. Amém.

Samuel Rodrigues Valadares

Índice

Agradecimentos 11
Apresentação 13
1. Como alguém pode se equivocar 19
2. Um pouco sobre oratória 21
3. Chamados para pregar 25
4. Os que são chamados devem se apresentar
   dispostos ao trabalho 29
5. A relevância da pregação para a Igreja 33
6. A pregação 43
7. Homens e mulheres chamados 47
8. Quem pode ser pregador? 53
9. O preparo do pregador 55
10. O pregador e sua postura 69
11. Ser pregador não é fácil 77
12. Uma qualidade que todo pregador precisa ter 81
13. A originalidade de todo pregador 83
14. O que deve e não deve ser feito pelo pregador 87
15. Dificuldades encontradas na hora da pregação.... 93
16. O chamado "branco" na memória e as falhas na
    hora da pregação 101
17. A eloquência, a dicção e a gesticulação 105

18. Medo de falar para o público. O que fazer? 111
19. Preparo e apresentação do sermão 119
20. As divisões de um sermão 125
21. Métodos para preparar e pregar sermões 131
22. Bons sermões: como prepará-los? 135
23. A estrutura do sermão 139
24. As ilustrações 145
25. O pregador e o seu temperamento 157
26. Código de ética do pregador 163
27. Palavra final 171

Referências bibliográficas 177

Agradecimentos

Ao trino Deus, por ter me capacitado; à minha esposa Eliziany e a meu filho Ellian Gabriel, pelo carinho e pela compreensão; aos meus pais Pr. Adair Valadares e Elzilei Rodrigues Valadares, por acreditarem sempre em mim, obrigado pelas incessantes orações. Aos meus sogros Pr. Francisco Pinto da Silva e sua esposa Eunice Borges da Silva, muito obrigado pela força que sempre me deram. Por fim, à minha igreja, pelo apoio, e a todos que contribuem para o crescimento da obra do Senhor Jesus no Brasil e fora dele.

Deus abençoe.

Apresentação

Todos fazem uso da comunicação diariamente, pois não há como viver uma vida normal sem se comunicar, e para que isso aconteça constantemente há que se preocupar com o que se fala, com as palavras, com os gestos e com a postura. Muitos não sabem, mas a maneira como se apresenta um diálogo poderá definir se esse diálogo irá ou não se prolongar. Sabendo, então, que é por meio da comunicação que as pessoas se relacionam, deve-se de uma forma singular fazê-la da melhor maneira possível, pois uma comunicação feita de maneira incorreta, onde quer que o indivíduo esteja, pode ser considerada uma barreira para se obter bons resultados. Para alcançar sucesso na comunicação, como pregadores, é preciso tomar todos os cuidados possíveis, pois ao falar para um público misto, haverá pessoas que pensam, agem e interpretam de formas diferentes.

Toda pessoa, ao se comunicar, deverá estar consciente de que os receptores da sua comunicação poderão ou não captar a mensagem transmitida, por isso fazer-se entendido é o que se espera de um bom pregador.

A história da comunicação é magnífica e remonta aos primórdios da humanidade. Por meio dela, adquire-se conhecimentos, habilidades, crenças e principalmente evolução cultural. Imagine se o homem não soubesse se comunicar, como iria trabalhar? Como iria desenvolver-se? Mas o tempo passou, a sociedade evoluiu, e hoje, neste mundo globalizado, a comunicação está cada vez mais veloz, e as distâncias estão sendo cada vez mais encurtadas. A Igreja do Senhor, aquela que foi comprada com seu sangue, tem também uma responsabilidade no processo da comunicação interpessoal e massiva, pois ela é detentora da Palavra da Salvação deixada por nosso Senhor e Salvador Jesus Cristo quando aqui esteve. Nesse processo de comunicação, Deus salva almas, liberta, faz pessoas mudar de vida e tomar novos rumos. Mas também há coisas que são ditas e ensinadas, e que não deveriam ser, nos púlpitos de igrejas neste país. Os resultados das mensagens que são pregadas diariamente em muitas igrejas muitas vezes não têm o impacto que deveria. Por que será? O resultado dos sermões dependerá da vontade e da dedicação de cada um, e, ao procurar aprimorar o "dom" da comunicação que Deus deu, certamente irá causar uma boa impressão aos ouvidos e aos olhos daqueles que os ouvem, como diz certo adágio: "A primeira impressão é a que fica". Pensando nisso, resolvi compartilhar com os meus leitores um pouco daquilo que tenho aprendido com o passar dos anos sobre a arte da pregação eficaz. Esta obra é meu trabalho de conclusão de curso do Mestrado em Teologia e não quero aqui falar sobre algo que seja inédito, pois muitos antes de mim escreveram verdadeiras "obras-primas" sobre esse assunto. Quero compartilhar com aqueles que lerem este trabalho que, para ser um bom pregador, não é preciso só saber pregar, ou vencer a timidez, é preciso muito mais que isso. É imprescindível que se tenha disciplina, força de vontade, dedicação, esforço, muita leitura, preparo e, acima de tudo, treinamento específico na área. Se todos aqueles que têm acesso ao púlpito tivessem o devido preparo, certamente não haveria situações que podem até mesmo se tornarem constrangedoras para os ouvintes, que muitas vezes vão à Igreja para ouvir uma palavra de conforto ou salvação e saem de lá frustrados pela incapacidade do pregador em saber discernir alguns aspectos que são de suma importância para a excelência da pregação.

Por várias vezes, vi pregadores na saudação introdutória dizer assim: "Saúdo os irmãos com a paz do Senhor, e os ouvintes com uma boa noite de salvação". Essa saudação para muita gente não tem nada de errado, mas ao averiguar com atenção ver-se-á uma distinção entre os "irmãos" e os "ouvintes", e isso pode trazer constrangimento e fazer o ouvinte se sentir inferior. Será que só os irmãos são dignos de ser saudados com a paz e os ouvintes não? Em Mateus 10.12-13, está escrito: "E, quando entrardes nalguma casa, saudai-a; E, se a casa for digna, desça sobre ela a vossa paz; mas, se não for digna, torne para vós a vossa paz". Por isso é mais que imprescindível saber se comunicar.

Saber falar bem para todos os públicos é uma necessidade atual. A arte de falar em público ou oratória está presente em pelo menos quatro áreas: Religiosa, Política, Pedagógica e Forense. Em cada uma dessas áreas, é preciso dominar as técnicas que cada uma exige. Portanto a oratória pedagógica é voltada para a educação e o ensino, a oratória política, para as relações públicas e formação de opinião, a oratória forense, usada nos tribunais e fóruns de justiça, e a oratória religiosa ou homilética, usada para o ensino nos cultos religiosos.

A comunicação eficaz tem papel fundamental na vida do pregador ou de quem quer que seja. Usarei no decorrer desta obra a palavra "pregador" para me referir tanto a homens como a mulheres que fazem uso da oratória.

Saber falar é extremamente vital para que o ministério do pregador prospere, assim fazendo com certeza ter-se-á sucesso em seus relacionamentos.

Uma das maiores dificuldades da humanidade é o fator da interação humana, e isso tem sido uma barreira difícil de quebrar para muitos daqueles que aspiram ser pregadores. Especialistas afirmam que a falta do saber se comunicar com o outro é o resultado dos tempos modernos. Gilson Melo, em seu artigo "Inteligência social, a arte de se comunicar bem", diz que a alta competitividade, o aumento das exigências, a disseminação da informação e a própria revolução tecnológica requerem do indivíduo um postura mais voltada para si próprio, na qual ele tem de se especializar e se capacitar ao máximo para conseguir conquistar e garantir o seu espaço. Resultado: preocupado com tudo isso, o ser humano se esquece de dar valor a pequenas coisas que são vitais para sua existência, que é o sentir, observar, enxergar o outro e se colocar no lugar dele.

O estudo temático desse assunto o fará mudar alguns conceitos, rever suas opiniões e, quem sabe, melhorar sua comunicação nas relações profissionais, sociais, afetivas, familiares e em todos os setores de sua vida que julgue ser importante para o sucesso.

Sei que uma pregação ministrada com cuidados e dedicação pode mudar a vida de pessoas que entram nas igrejas, por isso este livro é um incentivo voltado para os iniciantes do Santo Ministério da Pregação, bem como uma reflexão dos que já militam nessa peleja. Como transmissores das verdades divinas escritas na Bíblia, é preciso mostrar aos ouvintes qual a vontade de Deus para eles, e como podem colocar suas vidas em conformidade com essa vontade; eis a mais urgente necessidade em uma pregação.

Pregar a Palavra de Deus jamais deverá ser considerado uma profissão, um meio de se fazer negócio. Não! É muito mais importante que isso, é um privilégio concedido a tantos quantos quiserem, buscarem e se dedicarem a esse mister.

"Deus nos colocou neste mundo como herdeiros de um grande passado, portadores de um grande presente, e construtores de um grande futuro."

(Kentenich)

1
Como alguém pode se equivocar

Conta-se que certo irmão estava no seu trabalho rotineiro, num canavial, quando, de repente, viu brilhar três letras no céu: VCC. Muito religioso, o caipira julgou que aquelas letras significavam: *"Vai Cristo Chama"*. Fiel à visão, ele correu até ao pastor da sua Igreja e contou-lhe o ocorrido, concluindo que gostaria de devotar o restante de sua vida à pregação do Evangelho. O pastor, surpreso diante do relato, disse:

– Mas, para pregar o evangelho, é preciso conhecer a Bíblia. Você conhece a Bíblia o bastante para sair pelo mundo pregando a sua mensagem?

– Claro que sim! – disse o homem.

– E qual é a parte da Bíblia que você conhece e de qual mais gosta?

– As parábolas de Jesus, principalmente a do bom samaritano.

– Então, conte-a! – pede o pastor, querendo conhecer o grau de conhecimento bíblico do futuro pregador do evangelho.

O irmão começa a falar:

"Descia um homem de Jerusalém para Jericó, e caiu entre os salteadores. E ele lhes disse: Varões irmãos, escutai-me:

'Não tenho prata nem ouro, mas o que tenho isso te dou.' E entregou-lhe seus bens, e a um deu cinco talentos, e a outro dois, e a outro um, a cada um segundo a sua capacidade. E partindo dali foi conduzido pelo Espírito ao deserto, e tendo jejuado quarenta dias e quarenta noites, teve fome, e os corvos alimento lhe traziam, pois se alimentava de gafanhoto e mel silvestre. E sucedeu que indo ele andando, eis que um carro de fogo o ocultou da vista de todos. A rainha de Sabá viu isso e disse: 'Não me contaram nem a metade' Depois disso, ele foi até a casa de Jezabel, a mãe dos filhos de Zebedeu, e disse: 'Tiveste cinco maridos, e o homem que agora tens não é teu marido'. E olhando ao longe, viu Zaqueu pendurado pelos cabelos numa árvore e disse: 'Desce daí, pois hoje almoçarei em tua casa'. Veio Dalila e cortou-lhe os cabelos, e os restos que sobejaram foram doze cestos cheios para alimentar a multidão. Portanto, não andeis inquietos dizendo: 'Que comeremos?' Pois o vosso Pai Celestial sabe que necessitais de todas essas coisas. E todos o que ouviram se admiraram da sua doutrina".

   O irmão, entusiasmado, olhou para o pastor e perguntou:
– E então, estou pronto para pregar o evangelho?
– Olha, meu filho – disse o pastor – eu acho que aquelas letras no céu não significavam: *"Vai Cristo Chama"*. Antes, deveriam ser lidas *"Vai Cortar Cana"*.

   Moral da história: Um conhecimento superficial das coisas poderá causar danos irreparáveis.

"Não almejes o que ultrapassa a tua capacidade."

(Esopo)

2
Um pouco sobre a oratória

"Oratória" é a maneira de expressar as ideias por meio de palavras com um fim de caráter prático. Essa expressão pode ser mediante a disposição de diferentes recursos da linguagem, como o objetivo de provocar determinado efeito no ouvinte. Por fim, oratória é a arte da palavra, palavra esta que é a transmitida ao ouvinte como um elo entre o pensamento do locutor e o receptor.

Gostaria aqui de tecer algumas linhas sobre a história da oratória, pois os pregadores da Palavra de Deus fazem uso dela quase que diariamente nos púlpitos das igrejas. Esse é um assunto prolixo, mas citarei apenas uma pequena parte da grande história da oratória.

Na antiga Grécia, a oratória era conhecida como discurso público e teve seu início em Atenas. O mundo grego passava por mudanças por causa do seu processo de democratização. Com isso, os cidadãos atenienses do sexo masculino com mais de 18 anos tinham a oportunidade de se tornar membros dos órgãos do Estado. Dentre esses órgãos, estava a Eclésia, que era a principal assembleia popular da democracia ateniense na Grécia Antiga. Era a assembleia popular e foi criada por Sólon em 594 a.C. Todas as classes de cidadãos podiam participar dela. A Eclésia abria suas portas para todos os cidadãos para que se nomeassem e votassem magistrados e também para que se tivesse a decisão final acerca de legislação, guerra e paz, bem como para que os magistrados respondessem por seus anos no cargo. Outro órgão responsável por assuntos estatais era a Bulé, que era uma assembleia restrita de cidadãos encarregados de deliberar sobre os assuntos correntes da cidade.

O principal papel da Bulé era recolher as propostas de lei feitas pelos cidadãos, os *probouleuma* (προβούλευμα), estudá-las e estabelecer a ordem do dia das sessões da Eclésia que deveria convocar. Não havia concorrência de funções entre a Bulé e a Eclésia, pois cada uma das instituições tinha poderes e objetivos bem definidos.

Visto que na assembleia pública era necessário fazer explanações dos assuntos a serem abordados, apareceram, então, oradores para transmitir ao público os assuntos que seriam votados. Quem fazia esses discursos tinha que fazer uso da persuasão e ser muito convincente, pois se assim fizesse o orador seria aclamado pela multidão e adquiriria para si *status* na sociedade.

A história registra um número considerável de bons oradores, que por sua eloquência ficaram conhecidos mundialmente, como:

Cícero – Político e escritor romano. O maior de todos os oradores da antiga Roma. Marcus Tullius Cicero (Arpino, 3 de janeiro de 106 a.C. — Formia, 7 de dezembro de 43 a.C.), seu nome em latim, foi filósofo, orador, escritor, advogado e político romano.

Cícero é normalmente visto como uma das mentes mais versáteis da Roma antiga. Foi ele quem apresentou aos romanos as escolas da filosofia grega e criou um vocabulário filosófico em latim, distinguindo-se como linguista, tradutor e filósofo. Um orador impressionante e um advogado de sucesso, Cícero provavelmente pensava que a sua carreira política era a sua maior façanha. Hoje em dia, ele é apreciado principalmente pelo seu humanismo e trabalhos filosóficos e políticos. O seu maior instrutor foi Apolónio Mólon de Rodes. Ele ensinou a Cícero uma forma de oratória mais expansiva e menos intensa, que iria caracterizar seu estilo individual no futuro. No fim dos anos 90 e inícios dos 80 a.c., Cícero apaixonou-se pela filosofia, o que iria ter grande importância na sua vida. Eventualmente, ele iria introduzir a filosofia grega aos romanos e criaria um vocabulário filosófico latino. Em 87 a.C., Filão de Larissa, o chefe da Academia fundada por Platão em Atenas 300 anos antes, chegou a Roma. Cícero, "inspirado por um extraordinário zelo pela filosofia", sentou-se entusiasticamente aos seus pés e absorveu a filosofia de Platão. Cícero foi um escritor talentoso e energético, com um interesse numa grande variedade de tópicos de acordo as tradições filosóficas e helenísticas nas quais ele tinha sido treinado. A qualidade e a acessibilidade de textos dele favoreceram grande distribuição e inclusão nos currículos escolares. Os seus trabalhos estão entre os mais influentes na cultura europeia, e ainda hoje constituem um dos corpos mais importantes de material primário para escrita e revisão da história romana.

Demóstenes – Orador grego. Um dos maiores mestres da eloquência e da declamação do mundo antigo. Demóstenes (em grego, Δημοσθένης, Dēmosthénēs) (384 a.C. - 322 a.C.), foi um proeminente orador e político grego de Atenas. Sua oratória constitui uma importante expressão da capacidade intelectual da Atenas antiga e providencia um olhar sobre a política e a cultura da Grécia antiga durante o quarto século a.C. Demóstenes aprendeu retórica estudando os discursos dos grandes oradores antigos.

Andócides de Atenas – Foi orador ateniense (Atenas, 440 a.C. - ?, 391 a.C.) e membro da antiga família aristocrática.

Andócides foi implicado juntamente com Alcibíades na profanação de estátuas do deus Hermes e dos mistérios de Elêusis. Tendo sido banido, partiu para Chipre. Anistiado em 402 a.C., retornou a Atenas e passou, então, a ser perseguido pelos Trinta Tiranos. Defendeu-se proferindo um discurso que se tornou célebre. Seu mais famoso e importante discurso foi "Discurso sobre os mistérios", proferido em 400 a.C., no qual respondeu à acusação de seus inimigos que insistiam em acusações de impiedade. Além de orador, foi embaixador de Atenas em Esparta.

Apolo – judeu natural de Alexandria, chamado homem eloquente e poderoso nas Escrituras (Atos 18.24). Depois de ter aprendido acerca do evangelho com Áquila e Priscila, foi para Acaia e lá se tornou um exímio pregador da Palavra de Deus. Em Atos 18:28, podemos vê-lo, com grande veemência, testificando por meio da pregação que Jesus era o Messias.

"Deus prepara os seus melhores homens e mulheres através das grandes tribulações."

(J.K.Gresset)

3
Chamados para pregar

O crente deve considerar a importância de ser redimido por Jesus Cristo, pois, por tal fato, ele passa a ser um arauto das Escrituras Sagradas. O arauto (do francês antigo: *heralt*) foi um mensageiro oficial na Idade Média, uma pré-forma do diplomata. O arauto fazia as proclamações solenes, verificava títulos de nobreza, transmitia mensagens, anunciava a guerra e proclamava a paz. Na monarquia moderna, o arauto apregoa casamentos reais ou aclamações dos reis. Assim, ser arauto de Deus é levar sua mensagem às vidas que necessitam de paz e salvação. Como servo de Cristo, muitas oportunidades tenho tido em minha vida. Porém, nenhuma oportunidade pode se comparar com o privilégio de servir ao Senhor e transmitir sua Santa Palavra por meio da pregação. O apóstolo Paulo, que se considerava um grande privilegiado por ser escolhido para anunciar as incompreensíveis riquezas de Cristo, diz em Efésios 3.8: "A mim, o mínimo de todos os santos, me foi dada esta graça de anunciar entre os gentios, por meio do evangelho, as riquezas incompreensíveis de Cristo". Ser portador da mensagem de Cristo, sem margem para dúvida, é pregar a maior riqueza que este universo pode conter. Tenho certeza e plena convicção de que Deus concede a todos os que se convertem, seja mulher, homem, jovem, menino ou menina, a grande e maravilhosa bênção de falar de Cristo aos seus conhecidos que necessitam da bênção da salvação. Todos os que se convertem são regenerados pelo poder do Espírito Santo de Deus, e por isso podem e devem falar da Boa Nova da Salvação do Senhor Jesus como sendo a única e viva esperança para aquele que se encontra perdido.

Pregar o Evangelho de Cristo não significa propriamente que todos devem assumir um cargo de direção ou liderança de uma determinada igreja. Efésios 4.11 diz: "E ele mesmo deu uns para apóstolos, e outros para profetas, e outros para evangelistas, e outros para pastores e doutores". Assim sendo, as Escrituras Sagradas são claras ao afirmar que nem todos são chamados para ocupar o pastorado da Igreja ou ministério semelhante. Deus, pela sua infinita sabedoria e onisciência, conhece os corações, escolhe, chama e capacita aqueles que são chamados por ELE para esse digno e honroso serviço. O apóstolo Paulo mesmo disse que nem todos têm um mesmo dom na Igreja de Cristo. "E uns pôs Deus na igreja, primeiramente apóstolos, em segundo lugar profetas, em terceiro mestres, depois operadores de milagres, depois dons de curar, socorros, governos, variedades de línguas. Porventura são todos apóstolos? São todos profetas: São todos mestres? São todos operadores de milagres? Todos têm dom de curar? Falam todos em línguas? Interpretam todos? Mas procurai com melhor zelo os maiores dons. Ademais, eu vos mostrarei um caminho sobremodo excelente" (I Coríntios 12.28-31). Ministerialmente, não é possível ter o mesmo dom, mas quando se trata da pregação essa incumbência não é só dos que têm tais dons mencionados anteriormente, ela é dada a todos quantos receberam a Jesus como seu Senhor e Salvador e querem fazer o Reino de Deus crescer. Marcos 16.15 diz: "E disse-lhes: Ide por todo o mundo, pregai o evangelho a toda criatura." Você, meu querido, foi chamado para pregar a Palavra de Deus. Cumpra seu chamado.

> *"Devemos sempre erguer diques de coragem para deter as inundações do medo."*
> (Martin Luther King)

4
Os que são chamados devem se apresentar dispostos ao trabalho

Quantos não se sentem chamados para fazer a obra do Senhor? E quantos não se sentem chamados para pregar a sua Palavra?

Quando alguém sente a chamada do pastorado, do evangelista ou pregador, jamais deve hesitar, mas com disposição aceitar a chamada do chamador que é Deus. Uma grande barreira tem impedido as pessoas de fazer a obra de Deus como ela deve ser feita, e isso é visível. Muitas vezes o ser humano é atraído por aquilo que ele consegue ver, e o que não pode ver muitas vezes não lhe causa interesse. Uma pessoa que está empregada – não importa como está o tempo, se está chuvoso ou com sol de quarenta graus – é praticamente obrigada a comparecer no trabalho. Por quê? O seu chefe está lá e vai sentir sua falta, por isso ela vai. Agora, nas coisas de Deus é diferente. Como Deus não está fisicamente presente perto das pessoas, as coisas dele são postas de lado, porque não há uma sanção imediata ou visível. Com isso, a obra de Deus vai ficando prejudicada porque as pessoas não entendem seu chamado. É preciso aceitar seu chamado e executá-lo com amor. Na Bíblia, há o exemplo do apóstolo Paulo que, ao ser chamado, não questionou nem fez objeções para com Deus, mas imediatamente aceitou aquilo que seria um grande desafio: ser usado pelo Senhor no ministério da pregação. "Mas, quando aprouve a Deus, que desde o ventre de minha mãe me separou, e me chamou pela sua graça, revelar seu Filho em mim, para que o pregasse entre os gentios, não consultei a carne nem o sangue" (Gálatas 1.15-16). No Antigo Testamento, está também o profeta Isaías, um exemplo de obediência imediata quando sentiu que o Senhor o estava chamando para o Santo Ministério: "Depois disso ouvi a voz do Senhor, que dizia: A quem enviarei, e quem irá por nós? Então disse eu: Eis-me aqui, envia-me a mim" (Isaías 6.8).

Aquele que é chamado por Deus para pregar o Santo Evangelho deve ter em mente que outrora os anjos também desejaram executar essa gloriosa tarefa: "Aos quais foi revelado que, não para si mesmos, mas para nós, eles ministravam estas coisas que agora vos foram anunciadas por aqueles que, pelo Espírito Santo enviado do céu, vos pregaram o evangelho; para as quais coisas os anjos desejam bem atentar" (I Pedro 1.12). Os anjos são numerosos, cuja soma é impossível de descrever, são pertencentes a ordens diferentes, possuidores de grande sabedoria, autoridade e poder. Alguns desses seres são tão poderosos que são dirigentes de vastas regiões celestiais, mas, com tudo isso, foi a cada um que o Senhor Jesus Cristo entregou o ministério de pregar a sua palavra.

Aceitar a chamada do Senhor para o glorioso trabalho de pregar o Santo Evangelho é o que de mais honroso se poderia desejar. Não são poucos os que se enchem de orgulho pelo simples fato de serem aprovados num concurso público ou passar num vestibular de uma conceituada faculdade. Outros se acham demasiadamente abençoados por terem conquistado altos cargos nas mais altas hierarquias do governo ou de uma grande empresa de prestígio. Mas digo com certeza, que nenhum cargo desta Terra, por mais importante que seja, se compara com o ser chamado por Deus para o seu Santo serviço. Tudo aqui é transitório e um dia vai perecer, mas a Palavra a qual somos portadores leva a um nível mais elevado, à vida eterna, na qual a corrupção humana não chega e a paz reina para sempre. Por fim, há várias maneiras de pregar o Evangelho de Cristo e que a seu tempo será aqui discutido, mas há que se ter plena convicção do chamado e usar com sabedoria o dom que Deus deu a cada um: pregar a sua Palavra e ganhar almas para o seu santo Reino.

"A tua teologia é aquilo que tu és quando a conversa cessa e a ação começa."
(Collin Morris)

5
A relevância da pregação para a Igreja

Hodiernamente, o papel da Igreja nesta sociedade parece pouco confuso. Quando questionadas, as pessoas tendem a pensar na resposta, isso por causa dos papéis que a Igreja está desempenhando nos dias de hoje. Para que Jesus chamou, constituiu, preparou e enviou os seus discípulos? A resposta é simples: para que seu evangelho fosse pregado. Marcos 16.15 diz: "E disse-lhes: Ide por todo o mundo, pregai o evangelho a toda criatura." Sei que ao escrever essas linhas poderei causar desconforto em alguns leitores, os quais farão ponderações. Certamente que a Igreja deve ter seu lugar reconhecido na sociedade, mas estar voltada especificamente para políticas, comércio, propagandas, entre outras coisas, é perder tempo com aquilo que não edifica e estacionar no tempo deixando o pouco tempo que falta para pregar a Palavra e ganhar almas para o Reino de Deus, pois, afinal, é para isso que cada um está aqui. Concordo em gênero, número e grau que a Igreja está neste mundo para fazer diferença nos lugares aonde chegar a sua influência, mas essa influência deve estar relacionada aos muitos interesses de Deus nesta terra: ensinar sua Palavra, adorar seu Santo Nome e fazê-lo conhecido entre os homens. O cumprimento desse papel exige da Igreja um despertar urgente para o chamado do Senhor. Chega de ficar perdendo tempo com inquietações e coisas que nos tiram o foco do evangelho, do crescimento da Igreja e da pregação da Palavra de Deus. Talvez a perda do foco esteja relacionada aos muitos problemas que enfrentam as pessoas que frequentam as igrejas. Já presenciei pessoas que tiveram a rica oportunidade de falar da Palavra de Deus em um púlpito, mas ao chegar lá começaram a descarregar sua frustração contra alguém que estava no plenário e a reclamar do pastor e até mesmo da Igreja. Em Efésios 6-12, está escrito: "Porque não temos que lutar contra a carne e o sangue, mas, sim, contra os principados, contra as potestades, contra os príncipes das trevas deste século, contra as hostes espirituais da maldade, nos lugares celestiais." É contra isso que é preciso que lutar, e não perder precioso tempo para entrar em questões circunstanciais e irrelevantes para o reino do Senhor Jesus Cristo. Paulo escrevendo aos romanos diz "que não devemos nos conformar com este mundo", e isso é o que mais acontece na Igreja. A partir do momento que as pessoas perdem o sentido exato do chamado de Deus na sua vida e não fazem aquilo que lhes foi dito para fazer (pelo próprio Deus) começam a se conformar com o pensamento mundano nas igrejas. Certa vez ouvi um pregador dizer quer as igrejas estão tão mundanas e o mundo tão religioso que não se sabe onde começa um e termina o outro. É impactante ouvir isso em um púlpito e às vezes os mais sensíveis podem até não gostar, mas é a mais pura realidade, isso porque as pessoas se conformaram com certas coisas e não se inconformaram com outras. Para que a sociedade sinta o real poder que a Igreja tem, é preciso atentar para a pregação da Palavra de Deus.

É sabido, por exemplo, que no mundo o número de suicídios aumenta a cada ano. Suicídio, do latim *sui* (próprio) e *caedere* (matar) é o ato intencional de matar a si mesmo. Sua causa mais comum é um transtorno mental que pode incluir depressão, transtorno bipolar, esquizofrenia, alcoolismo e abuso de drogas. Dificuldades financeiras e/ou emocionais também desempenham um fator significativo. Mais de um milhão de pessoas cometem suicídio a cada ano, tornando-se esta a décima causa de morte no mundo. Trata-se de uma das principais causas de morte entre adolescentes e adultos com menos de 35 anos de idade. Entretanto, há uma estimativa de 10 a 20 milhões de tentativas de suicídios não fatais a cada ano em todo o mundo. A sociedade nunca esteve tão sedenta de Deus quanto agora, por isso a Igreja cresce de forma assustadora, mais que em qualquer outra época da história. A cada dia que passa é maior o número de pessoas que estão ficando desesperadas. As pessoas procuram refúgio espiritual, e por consequência disso muitas religiões insurgem e conquistam cada vez mais seguidores, o que vem a confirmar quão grande é a carência espiritual do mundo.

Se o mundo continua o mesmo em matéria de sede de Deus, a Igreja, por sua vez, precisa refletir sobre seu papel. A Igreja precisa, hoje, de um verdadeiro avivamento. Avivamento é viver o cristianismo com integridade, ética, moral e, por fim, intensidade. O profeta Habacuque pediu ao Senhor um avivamento: "Ouvi, SENHOR, a tua palavra, e temi; aviva, ó SENHOR, a tua obra no meio dos anos, no meio dos anos faze-a conhecida; na tua ira lembra-te da misericórdia." (Habacuque 3.2). Quem sabe seja preciso dizer as mesmas palavras para Deus para que haja um forte e glorioso avivamento em nós? Infelizmente não adianta muito pedir a Deus um enorme avivamento se as pessoas que compõem a Igreja não se reavivarem primeiramente.

O fato de a Igreja estar crescendo não significa que ela esteja crescendo saudável. Não são poucos os pastores e os amigos de ministério que dizem que o número de membros e congregados de suas igrejas aumentou, mas que a frequência na Escola Bíblica Dominical e nos cultos de ensinamentos diminuiu. Por quê? É um crescimento irreal, são crentes nominativos e fracos na fé, que, na maioria das vezes, só vão à igreja pela força da rotina ou por outra circunstância qualquer. Se o líder lhe chama a atenção, a primeira coisa que ele diz é que vai sair da igreja. Como igreja, não fomos chamados para isso, pois somos um corpo cuja cabeça é Jesus Cristo que está vendo o meu e o seu comportamento. Por fim, está faltando consciência do que é ser verdadeiramente discípulo aos frequentadores das igrejas.

Juan Carlos Ortiz, no seu livro *O Discípulo*, fala da Igreja como sendo um orfanato cheio de bebês, no qual os pastores passam grande parte do tempo correndo atrás de "bebês" para dar-lhes "leite". A Igreja só poderá desempenhar com esmero seu glorioso papel em meio a esta sociedade se, com diligência, zelar pela qualidade da pregação da Palavra de Deus em seu púlpito. Sabendo disso, a Igreja deve investir no ministério da pregação, pois ele é fundamental para o crescimento saudável do rebanho. A pregação é prioridade na Igreja Cristã, e um dos maiores erros que as igrejas cometem hoje é a falta de capacitação dos seus pregadores. Conheço bons pregadores, pessoas que têm o chamado para o ministério da palavra, mas que não têm condição financeira de fazer um curso para aperfeiçoar seu conhecimento. Será que não está na hora de os líderes do rebanho prestarem atenção nesses valores e com um pequeno investimento custear a estruturação dessas pessoas? Com certeza, se assim o fizerem, muitos frutos virão. Paulo Rogério Petrizi, em seu artigo citando Lloyd-Jones, diz que o declínio da Igreja está correlacionado ao empobrecimento e ao desprestígio do púlpito. O exacerbado número de crentes nominativos nas Igrejas está transformando os cultos, que deveriam ser de plena adoração, em mera liturgia cultual. A Igreja jamais deve esquecer que seu papel neste mundo é o de levar a mensagem de Cristo, e para que isso aconteça os pregadores devem desempenhar o ministério que lhes foi confiado com grande eficácia, e fazer a pregação da Palavra voltar a ser um momento importante do culto, quando são manifestas lágrimas nos rostos das pessoas, quando cada olhar transmite ao pregador que Palavra está chegando aos corações e o Espírito Santo está encontrando lugar para trabalhar nos corações ali presentes. Aleluia!

Só haverá resultado nas pregações se a comunicação for eficaz, e para tal os mensageiros de Deus devem ter uma excelente capacitação, tanto espiritual como intelectual. Em primeiro lugar, o pregador deve ter a consciência de que ele é chamado para exercer o ministério da pregação, tarefa das mais importantes missões dada a uma pessoa. O que vai fazer uso da pregação deve tornar sua vida um espelho na qual refletirá sua mensagem aos ouvintes. Ele deve viver o que prega, ser exemplo de vida, de santidade, amor, oração, honestidade, chefe de família. Em segundo lugar, o preparo intelectual é igualmente importante. O pregador, seja homem ou mulher, deve ser dado aos estudos sistemáticos, primeiramente da Bíblia. A Bíblia é o mais completo manual de ensinamento que o pregador tem à disposição, mas, se for possível, ele deve, dentre tantas outras áreas, adquirir boa formação teológica, conhecimento psicológico, histórico, filosófico, para poder expandir seus conhecimentos. Isso fará quase que obrigatoriamente que o pregador faça incansáveis estudos e pesquisas. É de fundamental importância que este se aperfeiçoe na área da homilética a fim de conhecer novas técnicas, métodos e formas de se preparar sermões bons e sadios que por ele serão ministrados.

O grande nome da história cristã, Martinho Lutero, disse a célebre frase: "Sermão sem unção, endurece o coração". Pregar na unção divina é maravilhoso. Quantos já não foram surpreendidos com a operação maravilhosa do Espírito Santo na hora de pregar a palavra, e viu Deus fazer aquilo que jamais pensou que pudesse acontecer? Agora, imagine se essa unção vier acompanhada de um preparo intelectual por parte do pregador. O que é que não pode acontecer? A ministração da Palavra deve ser tida como um canal no qual Deus fala ao seu povo escolhido. Partindo dessa premissa, quero aqui salientar alguns aspectos que julgo necessários para se pregar a Palavra de Deus. O primeiro deles é que o pregador deve entregar sua vida nas mãos de Deus e confiar nele. Anteriormente, foi mencionado o preparo, mas o que o pregador não pode esquecer é que unção com preparo é uma coisa, mas preparo sem unção é outra coisa. O pregador sempre dever pôr sua vida à disposição de Deus para que Ele venha usá-la segundo sua rica vontade. Também nunca deve esquecer que depois de uma entrega deve haver uma busca ou dependência do Espírito, e o encher-se d'Ele. Paulo escreveu "E não vos embriagueis com vinho, em que há contenda, mas enchei-vos do Espírito" (Efésios 5.18), pois se assim fizer o Espírito o capacitará "Mas aquele Consolador, o Espírito Santo, que o Pai enviará em meu nome, esse vos ensinará todas as coisas, e vos fará lembrar tudo quanto vos tenho dito" (João 14.26). Acompanhado dessa entrega e dependência, o pregador deve fazer uso de um sistemático estudo da Palavra de Deus. Meditação e estudo são mais que necessários para entregar a mensagem de Deus com clareza aos ouvintes. Não basta assumir o púlpito e dizer algumas palavras, é preciso fazer-se entendido. O pregador precisa alimentar-se diariamente da Palavra, entender o que ali está escrito e só depois transmiti-la aos seus ouvintes. Consequentemente, o pregador precisa ter visão de onde pretende chegar com sua mensagem. A mensagem pregada é como uma flecha que precisa atingir seu alvo. Infelizmente não são poucos os pregadores que ficam perdidos em meio à mensagem que estão pregando por não ter visão de onde chegar. Já vi pregadores trazerem notícias de jornais, da internet e até falar demasiado tempo no diabo na sua mensagem. Isso só acontece com aquele que não tem visão, não tem preparo e não sabe aonde quer chegar. Como Igreja, temos a missão de orientar o público que se senta nos confortáveis bancos das nossas igrejas. Ao ter consciência dessa visão e de onde se quer chegar, o pregador deve promover um programa para apresentação da sua mensagem que vise alimentar e saciar o público na direção certa. Esse programa deve ser cuidadosamente preparado com criatividade, oração e empenho, levando em conta que uma pregação monótona fará a comunicação eficaz ser prejudicada.

Outro fator relevante no ministério da pregação é que o pregador deve sempre que possível fazer uma reciclagem a fim de se especializar, para que sua comunicação seja eficaz a seus ouvintes. Essa reciclagem pode ser por meio de leituras ou aperfeiçoamento com cursos de pequena, média ou longa duração. Esse aperfeiçoamento do conhecimento se torna mais do que importante para que se possa transmitir com clareza as ideias contidas nos sermões, para que assim estas sejam recebidas e absorvidas pelos ouvintes. Todo esse cuidado fará o pregador ter sempre um foco específico em cada mensagem pregada.

O pregador deve sempre levar em conta que o público é composto por vários tipos de pessoas, e estas pensam e reagem de forma diferente. O pregador que se preza busca excelência em seu ofício, e para tal precisa ter conhecimento do público ouvinte e reconhecer suas necessidades. Se a pregação não for interessante também não terá a devida atenção do povo. Mas o que é uma pregação interessante? É aquela que desperta interesse e que faz o ouvinte raciocinar. Imagine um pregador que reúne em uma igreja na capital do Espírito Santo, Vitória. Sua igreja é bem estruturada, não faltam recursos tecnológicos; ele tem acessos a bons livros e, além disso, tem uma cultura vasta. Esse pregador foi convidado para pregar numa congregação pequena numa zona rural na divisa do mesmo estado, onde não existe praticamente nenhum dos recursos disponíveis na capital. Ao chegar ao local, ele se depara com pessoas simples, sem muita aparência, mas que nos semblantes demonstram que estão sedentos em ouvir o pregador que veio da capital. Ao postar-se para pregar a palavra, ele começa a falar como se estivesse na capital. Aplica frases como: "Irmãos, não fiquem adstritos aqui esta noite, não quero ser prolixo em minhas palavras, mas de maneira bem sucinta Deus falará conosco aqui hoje. Com sua inefável sabedoria e graça, Deus fará aqui, com certa leniência, tudo aquilo quiser, e você, amigo, delete todo pensamento que obstrui seu ser de ouvir a Carta Magna neste lugar". Será interessante para os ouvintes daquele pregador escutarem palavras que nem sequer conhecem? É preciso conhecer a realidade de cada público e sua cultura para que seus objetivos sejam alcançados e os ouvintes saciados.

Ainda em relação ao ministério da pregação, é muito importante que o pregador sempre busque por ideias novas. Deve ser uma prática importante na vida do pregador. Uma agenda que o acompanhe pode registrar ideias para futuras pregações, e ilustrações que o pregador ouviu, leu ou mesmo viveu poderão lhe servir de base para enriquecer seu trabalho.

Não foram poucas as vezes que o Senhor me deu mensagens durante a madrugada, quando trabalhava em uma metalúrgica. Sabendo disso, uma caneta e um bloco para anotações andavam sempre comigo para essa eventualidade. O pregador deve ser criativo e observador. O rei Salomão foi um exímio observador e por isso seus provérbios são repletos de histórias que demonstram essa condição. Por exemplo, em Pv 30.18-31, está escrito: "Estas três coisas me maravilham; e quatro há que não conheço: O caminho da águia no ar; o caminho da cobra na penha; o caminho do navio no meio do mar; e o caminho do homem com uma virgem. O caminho da mulher adúltera é assim: ela come, depois limpa a sua boca e diz: Não fiz nada de mal! Por três coisas se alvoroça a terra; e por quatro que não pode suportar: pelo servo, quando reina; e pelo tolo, quando vive na fartura; pela mulher odiosa, quando é casada; e pela serva, quando fica herdeira da sua senhora. Estas quatro coisas são das menores da terra, porém bem providas de sabedoria: As formigas não são um povo forte; todavia no verão preparam a sua comida; os coelhos são um povo débil; e contudo, põem a sua casa na rocha; os gafanhotos não têm rei; e contudo todos saem, e em bandos se repartem; a aranha se pendura com as mãos, e está nos palácios dos reis. Estes três têm um bom andar, e quatro passeiam airosamente; o leão, o mais forte entre os animais, que não foge de nada; o galo; o bode também; e o rei a quem não se pode resistir."

Quanto tempo Salomão não passou observando tudo isso? É importante que o pregador seja observador, que tenha atenção a detalhes.

O pregador jamais dever ser tido como repetitivo em seu trabalho como pregador. Para que isso não aconteça, deve surpreender seu público ao fazer uso da criatividade, podendo alcançar isso de várias formas que a homilética propõe para apresentar suas pregações. Há várias maneiras de se expor uma mensagem, mas isso será tratado posteriormente nos capítulos seguintes.

Por fim, uma das coisas mais importantes na vida de um pregador é ter coragem para se avaliar e ser avaliado. É salutar que o pregador venha avaliar-se para se aperfeiçoar, para tanto, uma pessoa de sua confiança como um amigo seria a máis apropriada para isso auxiliá-lo (se o pregador for casado, a esposa é uma pessoa indicada). Também seria interessante que o pregador de vez em quando grave seus sermões e depois os ouça a fim de se autoavaliar.

Gostaria de terminar este tópico com as palavras do Bispo Paulo Rogério Petrizi: "Os rumos que a Igreja deverá seguir daqui para frente dependerão dos seus púlpitos. Se os pregadores forem aptos a discernir a vontade de Deus e dedicados a transmiti-la aos seus ouvintes, viveremos tempos de colheita abundante".

"Entre as palavras mais tristes que podem sair da boca de alguém, a mais triste de todas é: As coisas poderiam ter sido de outra maneira."
(John Greenleaf Whittier)

6
A pregação

O assunto agora é a pregação. Segundo o *Dicionário Bíblico Ebenézer*, "pregar" significa: Anunciar; ensinar sob forma de doutrina. A palavra traduzida por pregação no Novo Testamento é *kerusso*, a qual é usada mais de 60 vezes e tem o significado de "proclamar como um arauto". Na antiguidade, era o arauto que tinha a incumbência de transmitir as informações oficiais e todos os decretos reais. Uma segunda palavra é *Evanggelizomai*, que ocorre mais de 50 vezes e traz a ideia da boa qualidade da mensagem.

Qual é o tipo de mensagem que se prega e qual deve ser pregada? A mensagem da Bíblia. A Bíblia e somente a Bíblia é que o pregador deve anunciar.

Nemuel Kessler, citando Dr. Manoel Avelino de Souza, diz: "A função principal e por excelência do pregador é entregar a mensagem. A pregação do Evangelho, ou o sermão, deve ocupar o lugar supremo da sua vida, dos seus propósitos, dos seus interesses, das suas ocupações, dos seus estudos e esforços. Tudo o que está ligado à sua vida submete-se à sua função de pregar. E ai às que se apresente ao mundo como um mensageiro de Cristo e faça do seu púlpito um lugar de divertimentos, passatempo, exibições ambiciosas, lugar de chicana (tramoia) e política, manifestação simplesmente literária, secundária, sem qualquer responsabilidade. Ele não pode fazer do ministério sagrado de anunciar a salvação de DEUS aos pecadores um campo de intrigas, de explorações, seja quais forem, de vantagens financeiras e sociais, de oportunidades especiais, para místeres passageiros e particulares. Não. Se o fizer, sua queda será inevitável e fatal, seu testemunho será negativo e sáfaro (estéril), sua obra inútil e prejudicial a Cristo e à sua causa. Será ele uma estrela cadente no céu ministerial, uma nuvem sem água no espaço, donde caem os aguaceiros da graça divina. Os tais são nódoas, máculas negras e negregadas no ministério da pregação. A pregação revela o propósito de Deus aos homens, transmite graça, sabedoria, poder e vida. Por essa razão, ela é, para o mundo da consciência, um sopro de vida. Quando ela diminui, o povo perece por falta de visão e do conhecimento de Deus, quando desaparece, as trevas cobrem os corações e as almas se perdem, por falta de luz, de verdade, as trevas substituem a luz, o mal, o bem, o pecado, a santidade, a morte, a vida, a incredulidade, a fé, o ódio, o amor, a vingança, o perdão".

A Bíblia Sagrada é a fonte inesgotável da mensagem de Deus. Suas páginas seletivas e inspiradas contêm tudo que precisa o servo de Deus para o desempenho eficiente da missão de pregar. Esse Santo Livro apresenta variado material para o abastecimento do pregador: poesia, história, biografia, doutrina, profecia... A Bíblia tem uma palavra adequada para cada ouvinte, em todo o tempo, em qualquer circunstância e em qualquer lugar.

Infelizmente, não são poucos os pregadores que iniciam suas mensagens com notícia do Jornal Nacional, do jornal local, entre outros assuntos que estão completamente à mercê de falhas humanas e críticas da opinião pública. Com isso, não quero dizer que não seja necessário transmitir aos ouvintes notícias, mas que o cerne da mensagem de qualquer pregador é a Bíblia. Certa vez, vi um pregador gastar mais de vinte minutos de sua pregação contando trechos de filmes que ele tinha visto. Isso é inaceitável.

O apóstolo Paulo reconheceu o valor das Escrituras Sagradas quando disse: "Toda Escritura é divinamente inspirada e proveitosa para ensinar, para repreender, para corrigir, para instruir em justiça; para que o homem de Deus seja perfeito e perfeitamente preparado para toda boa obra" (II Timóteo 3.16-17). Jeremias, um dos profetas maiores do Antigo Testamento, também reconheceu o valor da Palavra do Senhor, quando ouviu de Deus as seguintes palavras: "Não é a minha Palavra como fogo, diz o Senhor; e como martelo que esmiúça a pedra?" (Jeremias 23.29). Davi em um de seus Salmos disse: "Os preceitos do Senhor são retos, e alegram o coração; o mandamento do Senhor é puro, e alumia os olhos" (Salmos 19.8).

Portanto, os pregadores não podem deixar de reconhecer que a Bíblia contém tudo quanto o pregador necessita em seu ofício de transmissor da Palavra de Deus, mas outros fatores devem ser levados em conta, o que será analisado com mais propriedade nos tópicos a seguir.

"A verdadeira medida de um homem não é como ele se comporta em momentos de conforto e conveniência, mas como ele se mantém em tempos de controvérsia e desafio."
(Martin Luther King)

7
Homens e mulheres chamados

Existem basicamente dois tipos de pregadores: aqueles a quem Deus chamou e aqueles que se ofereceram para tal. Ambos são usados por Deus e não são motivo para discriminação entre um e outro. Os chamados por Deus são aqueles a quem Deus escolheu e concedeu oportunidades para que o ministério se desenvolvesse. Em alguns casos, o futuro pregador nem queria, talvez por timidez ou coisa do gênero. Por outro lado, existem aqueles que se ofereceram para o ministério da pregação. Uns por acharem esse mister interessante, outros pelo *status*, outros pelo título, enfim, variadas são as vertentes por que tais homens desejaram ser pregadores, mas, como saber se o pregador é chamado ou se ele se ofereceu para o ministério da pregação? É fácil: o que é chamado se preocupa com o que vai dizer para a igreja onde vai pregar, já o que se ofereceu diz o que quer. Já vi muitos pregadores dizerem o que querem em cima de um púlpito causando constrangimento e desilusão aos ouvintes. Por esse motivo, classifico aqueles que se ofereceram para pregar como "voluntários da pregação". Mas, será que pode um pregador que se ofereceu ser usado por Deus? Claro que sim, basta que ele procure o "dom" que vem da parte de Deus. O apóstolo Paulo disse: "Assim também vós, como desejais dons espirituais, procurai abundar neles, para edificação da igreja" (I Coríntios 14.12). O apóstolo está dizendo que se alguém tem desejo de obter dons da parte de Deus, deve fazê-lo, e ainda abundar nele, ou seja, que esse dom seja uma marca na vida da pessoa.

Quando um homem ou uma mulher quer se tornar pregador da Palavra de Deus, tem de ter conhecimento de que a Palavra é de Deus, é ele que vai colocar as devidas palavras na boca do mensageiro para que sejam transmitidas aos ouvintes. O pregador chamado deve dizer exatamente aquilo que Deus quer que ele diga, embora tais palavras possam ser demasiadamente duras de serem ouvidas. Em Mateus 23.33, João Batista disse: "Serpentes, raça de víboras! Como escapareis da condenação do inferno?" É uma mensagem dura de ouvir, mas era isso que o povo precisava ouvir, portanto essas foram as palavras que Deus colocou em seus lábios.

Nem todos os homens de Deus dizem só aquilo que o povo quer ouvir, o pregador chamado fala segundo a vontade de Deus.

Desde os primórdios da humanidade Deus chamou e capacitou inúmeras pessoas para que fossem transmissores da sua Palavra. Muitos foram os homens que tiveram destaque nesse ministério, mas há que se citar alguns nomes que, apesar de terem cometidos erros e serem vulneráveis como todo ser humano é, Deus, pela sua infinita misericórdia, capacitou-os poderosamente para poder realizar aquilo para que foram chamados. Exemplos disso são:

Josué, que foi chamado para liderar o povo de Israel na busca pela terra prometida: "E sucedeu depois da morte de Moisés, servo do Senhor, que o Senhor falou a Josué, filho de Num, servo de Moisés, dizendo: Moisés, meu servo, é morto; levanta-te, pois, agora, passa este Jordão, tu e todo este povo, à terra que eu dou aos filhos de Israel. Todo o lugar que pisar a planta do vosso pé, vo-lo tenho dado, como eu disse a Moisés" (Josué 1.1-3).

Samuel foi escolhido para ser o último grande juiz da nação de Israel e ajudar o povo a escolher o primeiro rei de sua escravidão do Egito: "Vem agora, pois, e eu te enviarei a Faraó para que tires o meu povo (os filhos de Israel) do Egito" (Êxodo 3.10).

Davi, o segundo rei da história de Israel, teve um chamado específico pelo Senhor para substituir o rei Saul, o qual deixou o povo de Israel desmoralizado: "Disse mais Samuel a Jessé: Acabaram-se os moços? E disse: Ainda falta o menor, que está apascentando as ovelhas. Disse, pois, Samuel a Jessé: Manda chamá-lo, porquanto não nos assentaremos até que ele venha aqui. Então mandou chamá-lo e fê-lo entrar (e era ruivo e formoso de semblante e de boa presença); e disse o Senhor: Levanta-te, e unge-o, porque é este mesmo. Então, Samuel tomou o chifre do azeite, e ungiu-o no meio de seus irmãos; e desde aquele dia em diante o Espírito do SENHOR se apoderou de Davi; então Samuel se levantou, e voltou a Rama" (I Samuel 16.11-13).

Jesus escolheu doze discípulos para estarem ao seu lado e, também, para serem os primeiros fundamentos de sua Igreja: "E depois disto designou o Senhor ainda outros setenta, e mandou-os adiante da sua face, de dois em dois, a todas as cidades e lugares aonde ele havia de ir. E dizia-lhes: Grande é, em verdade, a seara, mas os obreiros são poucos; rogai, pois, ao Senhor da seara que envie obreiros para a sua seara. Ide; eis que vos mando como cordeiros ao meio de lobos. Não leveis bolsa, nem alforje, nem alparcas; e a ninguém saudeis pelo caminho. E, em qualquer casa onde entrardes, dizei primeiro: Paz seja nesta casa. E, se ali houver algum filho de paz, repousará sobre ele a vossa paz; e, se não, voltará para vós" (Lucas 9.1-6).

O grande rei Salomão foi escolhido por Deus para dar continuidade ao reinado de seu pai, o majestoso rei Davi: "Como o Senhor foi com o rei meu senhor, assim o seja com Salomão, e faça que o seu trono seja maior do que o trono do rei Davi meu senhor" (I Reis 1.37).

O profeta Jonas foi escolhido para pregar ao povo de Nínive: "E veio a Palavra do SENHOR a Jonas, filho de Amitai, dizendo: 'Levanta-te, vai à grande cidade de Nínive, e clama contra ela, porque a sua malícia subiu até a minha presença'" (Jonas 1.1-2). Paulo, apóstolo chamado pelo Senhor para sofrer pelo seu nome: "Disse-lhe, porém, o Senhor: 'Vai, porque este é para mim um vaso escolhido, para levar o meu nome diante dos gentios, e dos reis e dos filhos de Israel. E eu lhe mostrarei quanto deve padecer pelo meu nome'" (Atos 9.15-16).

O jovem Timóteo, companheiro do apóstolo Paulo, foi chamado para trabalhar na causa do Evangelho: "Ninguém despreze a tua mocidade; mas sê o exemplo dos fiéis, na palavra, no trato, no amor, no espírito, na fé, na pureza. Persiste em ler, exortar e ensinar, até que eu vá. Não desprezes o dom que há em ti, o qual te foi dado por profecia, com a imposição das mãos do presbitério. Medita estas coisas; ocupa-te nelas, para que o teu aproveitamento seja manifesto a todos. Tem cuidado de ti mesmo e da doutrina. Persevera nestas coisas; porque, fazendo isto, te salvarás, tanto a ti mesmo como aos que te ouvem" (I Timóteo 4.12-16).

Há muitos outros que fizeram história e que serão citados em outra oportunidade. O chamado divino é algo surpreendente, pois às vezes Deus escolhe pessoas que acham que não estão preparadas, como foi o caso do profeta Jeremias: "Assim veio a mim a Palavra do Senhor, dizendo: 'Antes que te formasse no ventre te conheci, e antes que saísses da madre, te santifiquei; às nações te dei por profeta'. Então disse eu: 'Ah, Senhor Deus! Eis que não sei falar; porque ainda sou um menino'. Mas o Senhor me disse: 'Não digas: Eu sou um menino; porque a todos a quem eu te enviar, irás; e tudo quanto te mandar, falarás. Não temas diante deles; porque estou contigo para te livrar', diz o Senhor. E estendeu o Senhor a sua mão, e tocou-me na boca; e disse-me o Senhor: 'Eis que ponho as minhas palavras na tua boca'" (Jr 1.4-9). Em outros casos, Deus chama certas pessoas, e as demais que estão à sua volta questionam esse chamado dizendo que tal pessoa é incapacitada para tal ofício.

Lembre-se de que, quando alguém é escolhido por Deus para o ofício de pregar a palavra, jamais se deve questionar as escolhas feitas pelo Senhor. Trago à memória a história de Moisés e como ele queria fugir, mas não pôde:

"Então disse Moisés ao Senhor: 'Ah, meu Senhor! eu não sou homem eloquente, nem de ontem nem de anteontem, nem ainda desde que tens falado ao teu servo; porque sou pesado de boca e pesado de língua'. E disse-lhe o Senhor: 'Quem fez a boca do homem? ou quem fez o mudo, ou o surdo, ou o que vê, ou o cego? Não sou eu, o Senhor? Vai, pois, agora, e eu serei com a tua boca e te ensinarei o que hás de falar'. Ele, porém, disse: 'Ah, meu Senhor! Envia pela mão daquele a quem tu hás de enviar'. Então se acendeu a ira do Senhor contra Moisés, e disse: 'Não é Arão, o levita, teu irmão? Eu sei que ele falará muito bem; e eis que ele também sai ao teu encontro; e, vendo-te, se alegrará em seu coração. E tu lhe falarás, e porás as palavras na sua boca; e eu serei com a tua boca, e com a dele, ensinando-vos o que haveis de fazer'" (Êxodo 4.10-17).

Se Deus o chamou, meu querido irmão, permita que Ele o use, permita que Ele faça de você um canal de bênçãos para seus ouvintes, mesmo que esse chamado custe algo para você. Faça com o maior prazer, pois mais do que nunca está havendo uma enorme carência de pregadores que falam segundo a vontade de Deus.

Quando Deus escolhe pessoas para pregar, é porque Ele acredita nelas e sabe que elas podem fazer muito para seu reino. Não se pode deixar de lado o ofício tão maravilhoso para se ocupar com coisas que desagradam a Deus. Não esqueça, amigo, você é chamado de Deus para pregar sua Palavra sempre.

"Se você se focaliza nos resultados, você nunca irá mudar. Se você focaliza em mudar, você obterá os resultados."

(Jack Dixon)

8
Quem pode ser pregador?

Toda e qualquer pessoa que seja equilibrada mentalmente e capacitada para falar pode vir a ser um pregador eficiente. Muitos pensam que para ser pregador precisam ter cursos teológicos, grande eloquência ou até mesmo vasto conhecimento cultural. Tudo isso é relevante, mas não é o essencial para se começar no ministério da pregação. No início deste ministério, tudo parece um pouco difícil e confuso, mas com o tempo as coisas resolver-se-ão. Para que isso aconteça, é necessário que o ingressante trilhe pelos caminhos do estudo e da prática, assim, ele desenvolverá qualidades naturais e a experiência requerida.

O apóstolo Paulo escreveu: "Esta é uma Palavra fiel: se alguém deseja o episcopado, excelente obra deseja" (I Timóteo 3.1). Querer ser um pregador é algo glorioso, o aspirante ao ministério da pregação deve arregaçar as mangas e não se importar com os críticos, pois este ministério não é fácil. O caminho é espinhoso para muitos, mas com certeza a recompensa é grande. É mais do que imprescindível que aquele que quer trilhar esse caminho tenha enorme vontade, paixão e motivação, pois um pregador sem essas qualidades está fadado a renunciar seu ministério. O pregador que se apaixona pela pregação é aquele que irá despertar, ao longo do seu ministério, o interesse daqueles que o ouvem, fazendo com que o resultado das mensagens pregadas sejam vividas pelos ouvintes. Mas nem tudo na vida de um pregador é fácil; com o passar do tempo poderá o pregador ser posto à prova, pois será inevitável que ele passe por situações em que a melhor saída é optar por fazer coisas erradas. No entanto, o pregador chamado e capacitado por Deus deverá ter coragem e perseverança para resistir às astutas ciladas do inimigo e ser vencedor. Jamais o pregador deve iniciar seu ministério de pregador baseado em fraudes e mentiras, mas antes tê-lo pautado na mais pura verdade consciente de que tudo que ele fizer será para glória de Deus.

Depois de se iniciar neste ministério, o pregador deverá tomar algumas atitudes que facilitarão sua vida como tal. Ele deverá atentar para uma comunicação eficaz e não basear sua pregação em sensacionalismo religioso sem fundamento, ou seja, pregar algo que traga respostas aos ouvintes. Muitos pregadores, que não têm um ministério eficiente, sobem em uma tribuna sem conhecimento de causa e de lá descem da mesma forma que subiram. Pregador eficiente é aquele que, ao saber que vai ser um transmissor da Palavra de Deus, informa-se sobre o público ouvinte e faz o devido preparo para que sua oratória seja convincente.

Jamais um pregador deve se postar diante de um auditório sem conhecimento de causa. Se isso vier a acontecer, ele poderá não alcançar os seus objetivos. Dominar o assunto a ser apresentado, seja na forma de pregação ou estudo bíblico, é extremamente importante, pois assim se contribui para que as mensagens cheguem aos ouvintes com grande sucesso.

> *"Nunca fales bem de ti, pois não te acreditam. Não fales também mal de ti, pois acreditarão imediatamente."*
> (Sêneca)

9
O preparo do pregador

O pregador deve ter em conta que, para ser um pregador de uma mensagem eficaz, é mais do que necessário só a preparação de uma mensagem. Não digo que se deve só preparar, mas tem de haver esmero, empolgação, deve-se viver a mensagem a ser pregada. Antes de qualquer coisa, a pregação tem de falar primeiro com o transmissor da mensagem, pois como poderemos transmitir uma mensagem para um público se ela não fala conosco primeiro? O efeito da nossa pregação deve ser sentido em nós primeiro.

A nossa comunicação tem de ser eficaz; se a nossa mensagem não produzir efeito, por que então pregarmos? Jesus disse: "Ide por todo o mundo e pregai o evangelho", logo a seguir Ele manda batizar (Mc 16.18). Para ser batizada, a pessoa deveria primeiro crer na mensagem pregada; Jesus estava dizendo que não bastava só pregar, mas sim que a pregação fosse eficaz, ou seja, produzisse efeito. Para isso, o pregador precisa tomar alguns cuidados. Dentre eles, preparar-se física, intelectual e espiritualmente.

Como mencionado anteriormente, o pregador deve ter zelo no preparo de sua mensagem, fazer-se entendido, ter conhecimento de causa, (entre tantas outras coisas), mas também é de suma importância que busque uma condição espiritual para fortalecer sua mensagem. Uma mensagem pode ser técnica e todos saírem aplaudindo o pregador, mas se não atingir espiritualmente os ouvintes, o Espírito Santo não terá lugar na mensagem. A condição espiritual da mensagem é dar lugar à operação do Espírito Santo e deixar que ele se encarregue de atingir os corações dos ouvintes. O pregador deve prioritariamente buscar qualidade espiritual na sua mensagem. Não é aquilo que o povo quer ouvir, e sim, aquilo que Deus quer falar para a igreja por meio da vida do pregador. O que está faltando em muitos púlpitos são pregações recheadas de santidade. Para que nossas mensagens sejam transformadoras de vidas, dois aspectos são importantes, os quais, se seguidos com diligência, gerarão muitos frutos.

Primeiro: analisar com diligência a Bíblia. Para que as mensagens produzam resultados espirituais, o pregador deve ler diariamente a Bíblia, e isso só se faz se ele desenvolver o hábito de estudar com determinação o Santo Livro.

O livro de Josué diz: "Não se aparte de sua boca o livro desta lei, antes medita nele dia e noite, para que tenhas cuidado de fazer conforme tudo quanto nele está escrito; porque então fará prosperar o teu caminho, e serás bem-sucedido" (Josué 1.8).

A Bíblia é um instrumento poderosíssimo na vida do pregador e de quem quiser militar na causa do Evangelho. Hebreus 4.12 diz: "Porque a Palavra de Deus é viva e eficaz, e mais penetrante do que espada alguma de dois gumes, e penetra até a divisão da alma e do espírito, e das juntas e medulas, e é apta para discernir os pensamentos e intenções do coração." E como instrumento ela tem um poder de transformar a vida das pessoas que a ouvem. Imagine um escultor que vai ao bosque, pega um pedaço de tronco de madeira e leva até sua casa. Sua intenção é fazer uma linda escultura naquele pedaço de madeira, mas só com sua habilidade ele não poderá fazer, precisará também de ferramentas, e uma dessas ferramentas é o formão, aquele instrumento que com muito cuidado dará a forma desejada à escultura. Assim também é o pregador, só com sua vontade ele não pode transformar vidas, ele precisa de um instrumento que seja capaz de fazer isso, e esse instrumento é a Bíblia, que é capaz de mudar e moldar a vida das pessoas que nela acreditam. Ela é mais do que conhecimento e cultura, ela é poder. O apóstolo Paulo foi bem incisivo em declarar: "Porque não me envergonho do Evangelho, pois é poder de Deus para salvação de todo aquele que crê; primeiro do judeu, e também do grego" (Romanos 1.16).

Em segundo lugar está a dependência de Deus pela oração. No ponto anterior, dedicar tempo à Bíblia é um dos requisitos para que nossa mensagem produza efeitos espirituais, mas há outro aspecto nomeadamente importante. A oração sem dúvida tem de ser hábito na vida de qualquer um que queira entrar pelo caminho da pregação e, pela relevância deste tema, há que se falar, ainda que em poucas palavras, algumas linhas sobre ela: a oração como peça-chave do progresso espiritual do pregador.

Alguém, numa certa ocasião, disse acertadamente: "A oração é a primeira, a segunda e a terceira coisa necessária ao pregador". O pregador que não se dedica à oração não pode ser bem-sucedido em seu ministério.

A Bíblia está cheia de exemplos de homens que se dedicaram à oração. Muitos homens do Antigo Testamento tiveram grandes vitórias porque fizeram uso dessa poderosa arma que é a oração.

No livro de Lucas, Jesus se apresenta como dependente da oração, não porque Ele não conseguia fazer nada sem orar, mas para demonstrar sua perfeita comunhão com o Pai celestial. Jesus vivia em constante comunhão com o Pai. Jesus orou no batismo: "E aconteceu que, como todo o povo se batizava, sendo batizado também Jesus, orando ele, o céu se abriu" (Lucas 3.21); ao realizar milagres: "Ele, porém, retirava-se para os desertos, e ali orava" (Lucas 5.16); antes de escolher seus discípulos: "E aconteceu que naqueles dias subiu ao monte a orar, e passou a noite em oração a Deus" (Lucas 6.12); e também quando se transfigurou: "E, estando ele orando, transfigurou-se a aparência do seu rosto, e a sua roupa ficou branca e mui resplandecente" (Lucas 9.29). Esses são só alguns dos muitos exemplos em que Jesus ensina sobre a dependência de Deus por meio da oração.

O apóstolo Paulo também deixou um grande legado no que diz respeito à oração. Não obstante as muitas provações que sofria, suas contínuas viagens e as constantes perseguições que enfrentava, sempre se mostrou um homem dedicado à oração, como está relatado na carta aos Romanos: "Incessantemente faço menção de vós, pedindo nas minhas orações..." (Romanos 1.9-10). Na carta aos Coríntios, ele diz: "Sempre dou graças ao meu Deus por vós pela graça de Deus que vos foi dada" (I Coríntios 1.4).

O pregador deve ser um homem de oração e estudo da Palavra de Deus, porque ninguém pode crescer com um ministério sadio sem essas duas vertentes. Todo pregador a quem Deus chamou e usa tem de ser dado à oração e trilhar nos caminhos do conhecimento da Palavra de Deus. O pregador que negligenciar isso terá o devido reflexo na sua vida cristã prática. Oração não é uma sugestão de Deus ao homem, não é como uma comida *fast-food*, que se coloca e come o que quer, mas sim uma ordenança do Senhor Jesus a todos os pregadores: "Buscai o Senhor e o seu poder, buscai perpetuamente a sua presença" (2 Crônicas 16.11).

Concomitantemente, a leitura da Palavra de Deus também é uma ordenança de Deus para os pregadores: "Não cesses de falar deste livro da lei; antes, medita nele dia e noite, para que tenhas cuidado de fazer segundo a tudo quanto nele está escrito; então fará prosperar o teu caminho e serás bem-sucedido" (Josué 1.8).

Segundo Davi, ela é luz e lâmpada para os nossos caminhos (Salmo 119.105); é espelho para vermos a nós mesmos e a glória de Deus (Tiago 1.23); é uma espada para atacar o adversário (Efésios 6.17); é uma bomba para destruir fortalezas e anular sofismas (mentira com aparência de verdade) (2 Coríntios 10.4); é martelo que esmiúça corações de pedra e fogo que queima as impurezas da vida (Jeremias 23.29); é chicote que disciplina (2 Timóteo 3.16-17); é leite que alimenta a criança e a faz crescer (1 Pedro 2.2.); é doce como o mel, forte e saudável para a vida (Salmo 119.103); é semente poderosa que nasce e cresce no coração do homem e o prepara para a vida eterna (1 Pedro 1.23); é o poder de Deus para os seus filhos (Romanos 1.16); é água de vida e a revelação de Deus para tornar seus filhos maduros, perfeitos e aptos para ensinar toda a verdade (Colossenses 1.28; Hebreus 5.12).

Segundo Antônio Carlos Fonseca de Menezes, em seu livro *Bases para um Ministério Vivo*: "A Bíblia é um livro perigoso: para a incredulidade, porque a confunde; para o pecado, porque o condena; para o mundo, porque o acusa; para Satanás, porque o destrona; para as falsas religiões, porque as desmascara." A oração e a Palavra de Deus produzem vida no cristão; o faz lançar fora o medo; não o deixa se conformar com este mundo; faz com que ele saiba a vontade de Deus aqui na terra; não o deixa apegar-se às coisas materiais; o transforma numa testemunha viva; proporciona-lhe paz profunda em Deus, porque tem comunhão com Ele mesmo; o prepara para os dias do fim e para o encontro com o Senhor Jesus; dá força para viver sempre em triunfo e para a glória de Deus.

E como disse Lutero: "A comunhão com o Senhor é a coisa mais importante em minha vida. Se porventura a negligencio por apenas um dia, sinto logo o esmaecimento do fogo da fé. Realmente a apostasia começa nos joelhos". Em suma, todo pregador precisa orar para que Deus o use na sua pregação. John Piper (1946) relatou-nos: "A boa pregação nasce da boa oração".

Veja o que muitos homens e mulheres falaram sobre a oração e suas virtudes:

"Através da oração ficamos carregados da virtude de Deus." (R.A. Torrey)

"O segredo da oração é a oração em segredo." (Moody)

"A oração diária é a melhor ginástica para a alma." (Spurgeon)

"Tenho sempre tanta coisa para fazer, mas só posso me desobrigar dessas árduas tarefas depois de prolongado período de oração." (Wesley)

"O que falta na humanidade é a oração." (Francesco Forgione)

"A oração é o ato onipotente que coloca as forças do céu à disposição dos homens." (Henri Lacordaire)

"No suor dos teus dias, usa a oração sem mostrá-la. Na oração falas com Deus, no serviço Deus te fala." (Autor desconhecido)

"Oração é requerimento da criatura ao Criador." (Albino Teixeira)

"Um simples pensamento de gratidão elevado ao céu é a mais perfeita oração." (G. E. Lessing)

"Ao despontar do dia, a melhor oração consiste em pedirmos a aventura de não perder nenhum dos seus instantes." (John Ruskin)

"A oração feita por um justo pode muito em seus efeitos." (São Tiago)

"Quando penetras o aposento interior da alma guiado pela luz da oração, logras comungar com Deus ali presente, podendo alimentar-te nessa poderosa Força geradora de valores elevados." (Autor desconhecido)

"A oração é a energia da vida, permeando todo o universo e tornando-se força motriz para a mudança." (Daisaku Ikeda)

"A oração é o mais forte estímulo de que a alma pode dispor para plenificar-se." (Joanna de Angelis)

"Orar em conjunto, em qualquer língua, em qualquer rito, é a mais comovedora fraternidade de esperança e de simpatia que os homens podem contrair na terra." (Anne-Louise-Germaine Necker)

"Não há homem que, orando de todo coração, não aprenda alguma coisa."
(Ralph Waldo Emerson)

"O fruto do nosso apostolado depende da oração. Se falamos de oração, não se deve entender que seja preciso ocupar muitas horas em estar de joelhos e em oração, mas que sejam feitos atos internos..." (Maximiliano Maria Kolbe)

"A oração da fé salvará o doente, e o Senhor o levantará; e se houver cometido pecados, ser-lhe-ão perdoados." (São Tiago)

"Vigiar para que germinem as sementes ou desabrochem as flores, arfar no arado, ler, pensar, amar, orar; eis a felicidade dos homens." (John Ruskin)

"Importa orar sempre, e não deixar de fazê-lo." (Vulgata)

"A oração é o encontro da sede de Deus e da sede do homem." Agostinho de Hipona (354-430 d.C)

"Teu desejo é a tua oração; se o desejo é contínuo, também

a oração é contínua. Não foi em vão que o Apóstolo disse: Orai sem cessar (I Ts. 5.17). Ainda que faças qualquer coisa, se desejas aquele repouso do Sábado eterno, não cesses de orar. Se não queres cessar de orar, não cesses de desejar." Agostinho de Hipona (354-430 d.C)

"Atualmente estou tão ocupado que não posso passar menos de quatro horas por dia na presença de Deus." Martinho Lutero (1483-1546)

"A oração é o antídoto para todas as nossas aflições." João Calvino (1509-1564)

"Que melhor guia poderemos encontrar para oração além do exemplo do próprio Cristo? Ele se dirigiu diretamente ao Pai. O apóstolo nos mostra o que devemos fazer, quando diz que Ele endereçou Suas orações Àquele que era capaz de livrá-lO da morte. Com isso ele quer dizer que Cristo orou corretamente, visto que recorreu ao Deus que é o único Libertador." João Calvino (1509-1564)

"Quando buscamos a Deus em oração, o diabo sabe que estamos querendo mais poder para lutar contra ele, e por isso procura lançar contra nós toda a oposição que é capaz de arregimentar." Richard Sibbes (1577-1635)

"Na oração, é melhor ter um coração sem palavras do que palavras sem um coração." John Bunyan (1628-1688)

"A oração fará o homem parar de pecar, ou o pecado o seduzirá a parar de orar." John Bunyan (1628-1688)

"Sempre que Deus tenciona exercer misericórdia para com seu povo, a primeira coisa que faz é levá-lo a orar." Matthew Henry (1662-1714)

"Se alguns cristãos que se tem queixado de seus ministros tivessem dito e agido menos diante dos homens e tivessem aplicado a si mesmos com todo o seu poder clamar a Deus pelos seus ministros, teriam, por assim dizer, levantado e agitado o céu com as suas orações humildes, fervorosas e incessantes em favor deles, e teriam tido muito maior sucesso." Jonathan Edwards (1703-1758)

"Pela fé e pela oração, fortaleça as mãos frouxas, e firme os joelhos vacilantes. Você ora e jejua? Importune o trono da graça e seja persistente em oração. Só assim receberá a misericórdia de Deus." John Wesley (1703-1791)

"Tenho passado dias e até semanas prostrado ao chão, orando, silenciosamente ou em voz alta." George Whitefield (1714-1770)

"A oração é um instrumento poderoso não para fazer com que a vontade do homem seja feita no céu, mas para fazer com que a vontade de Deus seja feita na terra." Robert Law (1788-1874)

"O que o homem é, é sobre seus joelhos diante de Deus, e nada mais." Robert Murray McCheyne (1813-1843)

"Que seu molho de lã fique na eira da súplica até que seja molhado com orvalho do céu." Charles H. Spurgeon (1834-1892)

"Sussurros que não podem ser expressos em palavras são frequentemente orações que não podem ser recusadas." Charles H. Spurgeon (1834-1892)

"A oração em si mesma é uma arte que somente o Espírito Santo pode nos ensinar. Ele é o doador de todas as orações. Rogue pela oração – ore até que consiga orar, ore para ser ajudado a orar e não abandone a oração porque não consegue orar, pois nos momentos em que você acha que não pode, é que realmente está fazendo as melhores orações. Às vezes quando você não sente nenhum tipo de conforto em tuas súplicas e teu coração está quebrantado e abatido, é que realmente está lutando e prevalecendo com o Altíssimo." Charles H. Spurgeon (1834-1892)

"Aqueles que deixaram a mais profunda marca nesta Terra amaldiçoada pelo pecado foram homens e mulheres de oração. Você descobrirá que a oração é a força poderosa que tem movido não somente a mão de Deus, mas também o homem." D.L. Moody (1837-1899)

"As minhas orações não mudam a Deus, mudam a mim mesmo." C.S. Lewis (1898-1963)

"A oração é o meio escolhido por Deus para realizar os Seus propósitos soberanos através de homens submissos." André Aloísio

"Deus não faz a nossa vontade quando esta se opõe à vontade d'Ele, mas somente quando está em harmonia com ela." André Aloísio

Por fim, a oração deve fazer parte da vida do pregador, e deve-se levar em conta que, ao fazer uso da Palavra de Deus, não o seja pelo uso de orações longas, pois se o pregador ora demasiadamente antes de pregar sua mensagem, pode demonstrar que ele orou pouco antes de esboçá-la. Muitas são as passagens que a Bíblia mostra a relevância da oração, mas que em outra oportunidade serão mencionadas.

Por fim, o último ponto a destacar aqui se refere ao preparo do pregador e a consagração de sua vida a Deus. Creio eu ser fundamental para um ministério vivo, eficiente e repleto de surpresas proporcionadas pelo Senhor aquele que vive em perfeita sintonia com Deus. O rei Herodes sabia que João Batista era um homem justo e santo (Marcos 6.20). Ele também sabia que João era um homem escolhido por Deus. O seu testemunho de vida era impactante a ponto de virem pessoas de muito longe para ouvi-lo. Alguns chegaram a pensar que ele era o Cristo, pela sua maneira transparente de viver. Infelizmente, há muitos pregadores que não se parecem com o Senhor; seu testemunho de vida é péssimo, e sua mensagem muitos já não querem ouvir. João se parecia com o Senhor Jesus. E você, pregador? Deus, pela sua Palavra, ensina e esclarece que Ele nos quer puros, consagrados e preparados. Uma pessoa que não faz aquilo que o Senhor Jesus determinou não pode ser usada pelo Senhor de forma eficiente e eficaz. Quando Deus chama e capacita o pregador, Ele exige santidade, exige consagração. Quantos pregadores hoje não são usados por Deus, porque são alienados, indiferentes, apesar de fazerem parte de uma igreja e pertencerem a um ministério. Como podem existir pregadores que não são usados por Deus? (Você já fez essa pergunta?) Existem, são aqueles que não mantêm a comunhão com Deus e perdem a sensibilidade espiritual que o pregador precisa ter, e a partir daí podem até pregar uma mensagem, que será vazia em seu conteúdo e não causará mudanças, pois em seu bojo traz apenas conhecimento técnico e não conhecimento de Deus, o que é o mais importante. Estes estão presentes na igreja, no entanto estão ausentes da guerra para a qual foram alistados.

Para você, querido pregador, ter um ministério abençoado, vivo e equilibrado, terá que consagrar sua vida. Elimine qualquer ameaça que está em sua vida hoje para que seu ministério, sua pregação e sua vida sejam diferentes e façam a diferença.

O mundo está passando por constantes mudanças, muitas delas na paisagem natural, na cultura e na paisagem arquitetônica. Muitos gostam de admirar as belas e as novas construções que estão sendo feitas no país de Dubai, onde a imaginação parece não ter fim e onde os construtores estão criando verdadeiras obras-primas advindas dos mais inteligentes engenheiros e arquitetos que o dinheiro pode pagar. Paisagens artificiais onde um bairro apresenta a forma de palmeira e outro é feito no formato do mapa-múndi. É sem sombra de dúvidas algo que chama a atenção de qualquer um, pois as pessoas são atraídas por aquilo que veem.

Existem muitos pregadores nos quais se verifica que a aparência geral está em ótimo estado, mas assim como o país que foi mencionado, apresentam muitas obras monumentais e apesar disso também têm tem lixo, entulho e animais indesejáveis. Há pregadores cujo exterior é uma coisa, mas o interior é como lixo. Há um porão em sua vida que ninguém vê a não ser ele mesmo, mas do qual, vira e mexe, sobe um escorpião, uma barata, um rato. É o velho homem predominando na sua vida, atrapalhando sua consagração ao Senhor. Mas Deus é rico em misericórdia, e todo aquele que vai a Ele de maneira nenhuma é por Ele lançado fora; se tem alguma coisa que o atrapalhe, amigo pregador, em nome de Jesus, diga como Davi: "Senhor, cria em mim, ó Deus, um coração puro, e renova em mim um espírito reto. Não me lances fora da tua presença, e não retires de mim o teu Espírito Santo. Torna a dar-me a alegria da tua salvação, e sustém-me com um espírito voluntário" (Sl 51. 10-12). Davi, quando caiu em grave pecado, perdeu o poder do louvor; então pediu ao Senhor: "Abre os meus lábios para te louvar" (Salmo 51.15). Quem está no erro não louva; pode até cantar, porém não adora. Quem está no erro também não prega a Palavra de Deus, pode até subir em um púlpito, mas não terá a presença de Deus na sua pregação, o que é o mais importante. Moisés estava tão convicto de que a presença de Deus era a coisa mais importante que alguém podia e pode ter que disse: "Então lhe disse: 'Se tu mesmo não fores conosco, não nos faças subir daqui'" (Êxodo 33.15), e Deus o responde: "Disse pois: 'Irá a minha presença contigo para te fazer descansar'" (Êxodo 33. 14). Que maravilha, querido pregador, é ter a Santa Presença do Senhor, ela faz descansar, vencer, alegrar... e para você, pregador, faz com que você pregue na unção divina, e aqueles que o estão ouvindo sentem o que você está sentindo também: essa maravilhosa presença. Uns podem até pensar que a coisa mais importante deste mundo é tocar na igreja. Tocar sim é importante, mas não é a coisa mais importante. Outros podem até pensar que pregar então é a coisa mais importante. Pregar sim é importante, mas não é a coisa mais importante. Qual é a coisa mais importante deste mundo? É ter conosco a presença de Deus, isso sim é a coisa mais importante. Se você for cantar, cante, mas com a presença de Deus, se você vai pregar, pregue, mas pregue com a presença de Deus. Aleluia!

Conta-se a história de um senhor que comprou um filhote de cobra jiboia na Amazônia e levou-o para casa, como animal de estimação. Muitos lhe disseram que não cometesse tal loucura, porque a cobra era muito perigosa e tinha que ser alimentada cuidadosamente. Ele, porém, respondeu: "Pode deixar; vou dar tudo o que ela precisa; não tem problema". A cobra cresceu e foi criada com muito carinho; até que um dia, ela fugiu, de madrugada, do seu lugar de costume; foi até onde estava o filhinho de seis meses daquele senhor e o matou sem misericórdia. Cultivar o erro na vida é como criar cobras de estimação dentro de casa: mais cedo ou mais tarde, acontece uma tragédia na vida espiritual. Por isso muitos têm fracassado no ministério e são infelizes. Seja diferente, faça a diferença.

"Existe apenas uma pequena diferença entre as pessoas, e esta pequena diferença faz uma grande diferença. A pequena diferença está na atitude. A grande diferença é se ela é positiva ou negativa."

(Clement Stone)

9
O pregador e sua postura

É comum a preparação para pregar. Geralmente, ao receber um convite para pregar em um culto ou evento, há o devido cuidado de preparar um esboço ou até mesmo uma ilustração a ser usada na pregação. No entanto, o que muitos pregadores não levam em conta é sua postura e condição física. Antes mesmo de se preparar a mensagem, deve o pregador cuidar de si próprio. O apóstolo Paulo ensinou isso aos pregadores: "Tem cuidado de ti mesmo", ou seja, da própria pessoa. Ele estava ensinando ao jovem Timóteo que não bastava só pregar a Palavra sem cuidar primeiro de si mesmo. Em seguida ele diz "da doutrina", ou seja a mensagem a ser pregada, e então ele termina "Persevera nestas coisas; porque, fazendo isto, te salvarás, tanto a ti mesmo como aos que te ouvem". A seguir: "Procura apresentar-te aprovado perante Deus, como obreiro que não tem de que se envergonhar e que maneja bem a Palavra da verdade" (I Timóteo 4.16 e II Timóteo 2.15). Para que o pregador seja bem-sucedido em seu ofício, este deve atentar para dois aspectos importantes, a saber, o bem-estar físico e intelectual.

O bem-estar físico. Uma boa apresentação diante de um auditório depende muito da forma como o pregador se prepara fisicamente. Estar bem fisicamente vai muito além de se estar saudável, pois o pregador pode estar o mês inteiro com saúde e por falta de atenção no dia de um compromisso pôr em risco todo seu trabalho e sua dedicação. Imagine que um pregador foi convidado para pregar em um evento do círculo de oração às duas horas da tarde. No dia anterior, ele preparou a sua mensagem e seu esboço está perfeito. Pela manhã, na sua igreja, ele é convidado para almoçar na casa de uma família. É mês de janeiro, muito calor e ele aceita o convite. Ao chegar à casa do irmão Estrombogildo, há muita conversa, os irmãos estão alegres, e chega a esperada hora do almoço. Às treze horas da tarde, o almoço é posto à mesa e, para surpresa do pregador, o prato principal é uma "pesada feijoada", a qual ele comeu bastante. Imagine agora a situação: falta uma hora para ele chegar ao evento, o mês é quente e a comida é pesada. Qual será a condição física desse pregador? Suponha que a comida não lhe fez bem e ele começa a passar mal. Já não há tempo de arrumar um substituto. Que situação, hein? Não quero dizer aqui que ele deveria recusar o prato principal, pois nosso pregador é educado e jamais faria isso, e sim ter atenção à sua condição física, pois numa condição dessas será inevitável ele não passar por uma situação desconcertante.

A Bíblia fala muito a respeito de se ter equilíbrio na hora da refeição. Nunca devemos exagerar na alimentação. A ciência diz que comida em excesso pode causar danos à saúde. Porém, a Bíblia Sagrada ensinava essa verdade há 3.500 anos. "Depois disse o Senhor a Moisés: Fala aos filhos de Israel, dizendo: Nenhuma gordura de boi, nem de carneiro, nem de cabra comereis. Todavia pode-se usar a gordura do animal que morre por si mesmo, e a gordura do que é dilacerado por feras, para qualquer outro fim; mas de maneira alguma comereis dela" (Levítico 7.22-24).

O pregador deve, se possível, fazer exercício físico e exames de rotina, porque isso é muito importante para quem quer servir ao Senhor. Fazer caminhadas e outras atividades que promovem saúde devem fazer parte da vida do pregador e são indispensáveis na vida do servo do Senhor. Só de ver a cara de desânimo com que certos pregadores sobem ao púlpito o auditório quase perde a vontade de ouvir.

O bem-estar intelectual. É condição indispensável que o pregador seja amante dos livros. É aconselhável que ele vá formando ao longo dos anos sua biblioteca. Mas existe um problema que por vezes torna isso quase impossível – o elevado custo do material evangélico neste país. Infelizmente, é muito difícil adquirir livros para se formar uma biblioteca particular. Se você fizesse uma pesquisa, veria que o número de pessoas que adquirem literatura evangélica é bem reduzido devido aos altos custos deste material. Minha oração é que Deus venha mudar esse quadro, para que os pregadores tenham acesso ao conhecimento e à cultura. O fato de o material ser de custo alto não deve ser uma barreira para o pregador. O pregador deve selecionar os volumes que realmente precisa adquirir, evitando gastar dinheiro com livros que poderiam ser dispensáveis. Hoje o pregador também dispõe da rede mundial de computadores onde há material de qualidade disponível, bem como estudos bíblicos, *e-books*, ilustrações etc. O pregador inteligente dedicar-se-á a matérias essenciais, aquelas com que ele mais se identifica, pois esse tipo de estudo trará mais benefícios para o seu ministério. Por exemplo, se o pregador não tem afinidade para falar sobre o tema "Família", não fale. É melhor dominar determinados temas do que, não conhecendo outros, aventurar-se e passar por situações desconcertantes. O pregador não pode se dar ao luxo de perder momentos preciosos, que poderiam ser aproveitados com estudo sistemático da Bíblia, com leituras supérfluas ou que nada edificam.

Além da leitura e do estudo da Bíblia, que é o primordial, a língua materna deve merecer uma atenção especial. É lamentável ver muitos pregadores cometerem graves erros de português, mas isso será analisado em uma parte reservada um pouco mais à frente.

Todo pregador precisa estar em dia com o seu tempo, com a cultura de seu povo ou do povo a quem ele vai transmitir sua pregação. Se ele está no Brasil, precisa conhecer bem o povo brasileiro. Se ele dirigir a outro país, terá que conhecer o mesmo a respeito daquele povo. Precisará não só conhecer essa cultura, mas assimilá-la, integrar-se a ela e respeitá-la em todos os seus aspectos. Por isso, é de extrema importância que o pregador leia muito.

O apóstolo Paulo nunca se esquecia do seu preparo intelectual, e isso se pode notar nas palavras que ele escreveu a Timóteo: "Persiste em ler, exortar e ensinar, até que eu vá. Quando vieres, traze a capa que deixei em Trôade, em casa de Carpo, e os livros, principalmente os pergaminhos" (II Timóteo 4.13).

Paulo valorizava o preparo intelectual e qualquer pregador deverá fazer o mesmo. É muito importante que o pregador tome alguns cuidados ao ser convidado para pregar ou até mesmo pregar na sua própria igreja. Ao chegar ao púlpito ou à tribuna, como alguns preferem dizer, examine o local antes de começar sua mensagem. É importante que ele saiba onde estão sentados os departamentos como mocidade, crianças, senhoras etc. Digo isso porque é comum nas mensagens fazer-se referências a jovens e a crianças. Se o pregador souber onde cada um está sentado, não terá dificuldade de fazer algum tipo de ilustração que seja necessário, do contrário, poderá ficar com o olhar vago à procura destes. Outro ponto relevante é a locomoção. Ao se dirigir para o público, o pregador deverá fazê-lo com total elegância. Não se deve esquecer de que somos representantes de Deus e transmissores de sua palavra. Ao chegar à tribuna, permaneça em pé por uns instantes e olhe pausadamente para o público. Essa pausa fará o público ter certa expectativa, gerando, assim, interesse pelo pregador.

Durante a mensagem procure o máximo não andar pelo púlpito. Demarque uma linha imaginária e se possível fique restrito a ela. Essa linha o ajudará na sua apresentação e na visão dos ouvintes. É muito ruim você estar ouvindo um pregador que, em grande parte da sua mensagem, sobe e desce do púlpito ou fica virado a maior parte do tempo para aqueles que estão em cima do púlpito, dando as costas ao auditório. Ao movimentar-se, o pregador não deve fazê-lo em excesso, nem ficar estático, mas deve sempre manter a naturalidade para que não cause estranheza nos espectadores. Outro fator também importante é que o pregador não deve ficar debruçado por cima do púlpito, pois isso pode dar a sensação de desprezo aos ouvintes ou demonstrar que ele se encontra cansado demais e seu corpo está refletindo seu péssimo preparo físico. Em relação ao seu olhar, o pregador deverá fazê-lo de forma elegante, fixando diretamente os olhos nas pessoas e nunca olhando por cima das cabeças dos ouvintes como se estivesse procurando algo.

Ainda sobre esse tema, é muito importante que o pregador saiba como comportar-se em um púlpito ou tribuna. A sua postura pode ajudar ou atrapalhar sua exposição.

A fisionomia do pregador. Esta também é muito importante, pois transmite os nossos sentimentos. Jorge Nagem, em seu artigo sobre "A presença de Deus na fisionomia humana", afirma que por ela temos acesso a uma das formas mais sublimes de manifestação da Palavra de Deus, pois ela é a expressão externa de um mundo interior maravilhoso, um mundo que pertence a todos os seres humanos. Um mundo que dá sentido à vida, que permite que brotem, no sentido mais fundo dos seres, pensamentos e sentimentos da maior nobreza e transcendência. Conhecer e dominar esse mundo interior significa dominar a própria vontade e edificar uma vida melhor e mais feliz. Como tudo mais, essa felicidade certamente ficará estampada na fisionomia daqueles que conseguiram conquistá-la, tornando-se um exemplo para seus semelhantes.

É muito importante o pregador se preocupar com a sua fisionomia enquanto transmissor das verdades divinas ao mundo sedento.

Agora, veja alguns recursos que o pregador pode utilizar para ajudar na sua apresentação:

- Não demonstrar indisposição, pois uma mente cansada faz o corpo ficar cansado, portanto a pregação será cansativa também.

- Ficar em posição de elegância, pois ser deselegante significa ser desequilibrado.

- Não demonstrar nervosismo, pois ele descontrola.

- Ter atitudes nobres. Cumprimentar os presentes é uma boa demonstração.

- Olhar diretamente para os ouvintes, pois um olhar vago demonstra insegurança.

- Jamais fazer leituras prolongadas, pois estas não são sinônimos de sabedoria.

- Não ser ríspido. O que não se quer para si, não se deve fazer com os ouvintes.

- Não exagerar nos gestos. Uma gesticulação adequada ajuda na compreensão.

- Estar sempre preocupado com a aparência (cores, gravata, meias etc.). O que somos por fora poderá refletir o que somos por dentro.

- Ter atenção aos cabelos, que devem estar devidamente penteados, pois melhoram muito a aparência.
- O assentar também é muito importante. Ao fazê-lo, que seja sempre com discrição e elegância.

Lembre-se de que existem muitos ouvintes, e estes estão atentos, esperando receber algo da parte de Deus através de você. Jamais os decepcione.

"O propósito de Deus é sempre maior que a sua dificuldade."
(Larry Lea)

11
Ser pregador não é fácil

Deus é sabedor de todas as coisas, por isso conhece a todos nos mais variados aspectos. Ele sabe do que você precisa e deixou uma promessa de que estaria sempre do nosso lado: "Ensinando-os a guardar todas as coisas que eu vos tenho mandado; e eis que eu estou convosco todos os dias, até a consumação dos séculos. Amém." (Mateus 28.20).

O ser humano tem limitações e por isso passa por muitas dificuldades. Estas podem vir em todas as áreas da vida, seja sentimental, espiritual, financeira e física. Para ser vitorioso, é preciso estar sempre do lado de Deus, pois Ele sempre prova seu amor. Ao ler a história de Jó, nomeadamente nos últimos capítulos do livro que tem o seu nome, nota-se que ele teve tudo dobrado posteriormente e que Deus o abençoou muito, mas muita gente se esquece daquilo que ele passou, perdendo família, patrimônio e respeito. Mas Jó venceu, resistiu às acusações, e Deus provou o seu amor para com ele.

Na vida do pregador da Palavra de Deus, há também muitas dificuldades a enfrentar, lutas a serem travadas e batalhas a serem conquistadas. O pregador que sabe o que quer e conhece bem o Chamador, que é Deus, poderá até passar por dificuldades, mas não deixará se abater por elas, por ter otimismo e saber que quem é otimista espera sempre o melhor. Das dificuldades que ele enfrentará, guardará as experiências adquiridas, pois elas sempre o ajudarão a se lembrar de onde esteve e aonde ele quer chegar. Acreditar que você não nasceu para o fracasso é o caminho para vencer os problemas da vida e ser um pregador de sucesso. Lembre-se de que Cristo também passou dificuldades e foi vencedor, e o que ele passou ninguém jamais conseguirá passar.

Quando se entra no ministério da pregação, muitos têm logo a impressão de que será tudo fácil. Talvez, por ver grandes pregadores neste país e excelentes expositores da Bíblia, pessoas que têm uma agenda cheia e viajam constantemente. Mas a vida de quem prega o Evangelho com certeza é marcada por muitos dissabores e muitas dificuldades. Pensar que será tudo fácil é pura ilusão. Não conheço um pregador que não passe ou tenha passado por dificuldades. Muitas são as decepções e críticas que insurgem contra ele. Nas páginas da Bíblia, há muitos que foram chamados para pregar, foram criticados e nunca foram populares. Há muitos que querem pregar pela popularidade. Nunca vi um pregador ou profeta que fosse popular e que não recebesse crítica. Todo pregador, mais cedo ou mais tarde, será criticado. O apóstolo Paulo foi criticado pela Igreja de Corinto: "Todavia, a mim mui pouco se me dá de ser julgado por vós, ou por algum juízo humano; nem eu tampouco a mim mesmo me julgo" (I Coríntios 4.3). No entanto, as críticas jamais deverão ser levadas a sério, e o pregador não pode deixar seu ofício por sofrê-las. O salmista, ao ver a dificuldade sofrida pelos que servem a Deus, escreveu um verso que serve de consolo nos momentos de tristeza: "O SENHOR dos Exércitos está conosco; o Deus de Jacó é o nosso refúgio" (Salmos 46.11). Se você tem o Senhor como seu refúgio e fortaleza, não desanime com as críticas.

Outra dificuldade na vida do pregador é falta de tempo que ele tem para dar a sua família. Aqueles que não são casados não têm muitas preocupações, mas aqueles que o são irão encontrar alguma dificuldade ao entrar nesse ministério. Como conciliar o tempo que a família precisa e o tempo que o ministério exige? A vida é feita de ponderações. Quando se prioriza uma coisa, por mais importante que seja, com certeza outra fica de lado. O ministério da pregação é importante, mas não é mais importante do que a família do pregador. Não precisamos fechar a agenda os sete dias da semana ou os 365 dias do ano. O que falta em muitos pregadores, e daí talvez o aumento do número de divórcios que os atingem, é não saber fazer a ponderação devida. Há sete dias na semana. Por que não dedicar pelo menos dois ou três à família?

A falta de tempo é uma dificuldade da vida do pregador, mas é fácil controlá-la, ao contrário das críticas que foram citadas no ponto anterior.

Que Deus ajude a cada um a tomar decisões certas e ponderar certas situações que surgem.

"As dificuldades ensinam e fortalecem; as facilidades iludem e enfraquecem."
(Arnon de Mello)

12
Uma qualidade que todo pregador precisa ter

Evidentemente todo pregador deve ter qualidades, e essas são importantes, mas gostaria aqui de ressaltar aquela que creio ser a mais importante. Todos querem conseguir sucesso em seu ministério, porém, para que esse sucesso chegue, é preciso que o pregador tenha seu coração permeado pelo amor ao próximo. Esse fator essencial é a característica de maior importância na vida daquele que leva a preciosa semente, a pregação. João disse: "Aquele que não ama não conhece a Deus; porque Deus é amor" (I João 4.8). O apóstolo Paulo ensinou aos crentes de Corinto que o amor é importante na vida de qualquer pessoa: "Ainda, que eu falasse as línguas dos homens e dos anjos, e não tivesse amor, seria como o metal que soa ou como o sino que tine. E ainda que tivesse o dom de profecia, e conhecesse todos os mistérios e toda a ciência, e ainda que tivesse toda a fé, de maneira tal que transportasse os montes, e não tivesse amor, nada seria. E ainda que distribuísse toda a minha fortuna para sustento dos pobres, e ainda que entregasse o meu corpo para ser queimado, e não tivesse amor, nada disso me aproveitaria. O amor é sofredor, é benigno; o amor não é invejoso; o amor não trata com leviandade, não se ensoberbece. Não se porta com indecência, não busca os seus interesses, não se irrita, não suspeita mal; não folga com a injustiça, mas folga com a verdade; tudo sofre, tudo crê, tudo espera, tudo suporta. O amor nunca falha; mas havendo profecias, serão aniquiladas; havendo línguas, cessarão; havendo ciência, desaparecerá; porque, em parte, conhecemos, e em parte profetizamos; mas, quando vier o que é perfeito, então o que o é em parte será aniquilado. Quando eu era menino, falava como menino, sentia como menino, discorria como menino, mas, logo que cheguei a ser homem, acabei com as coisas de menino. Porque agora vemos por espelho em enigma, mas então veremos face a face; agora conheço em parte, mas então conhecerei como também sou conhecido. Agora, pois, permanecem a fé, a esperança e o amor, estes três, mas o maior destes é o amor" (I Coríntios 13.1-13).

Tenho visto por onde tenho passado pregadores nos quais o amor já não faz parte da sua mensagem. Certos pregadores usam o púlpito com rigor despótico como se as ovelhas fossem propriedades suas, e as tratam como se fossem mercadorias, não se preocupando se a ovelha está ou não ferida. É preciso sempre ter em mente que aqueles a quem chamamos de ovelhas, não são só ovelhas, são também a noiva de Cristo. É muito pouco provável que o Senhor Jesus Cristo não vai se importar se os pregadores maltratarem sua noiva, afinal, ela foi comprada por preço de sangue, e isso é um alto valor. Não quero aqui dizer que com isso não se deve corrigir ou chamar a atenção da ovelha, mas, sim, em como fazer isso. Ao pregar uma palavra "dura", como muitos preferem dizer, deve-se fazê-lo com cautela, discrição e respeito aos ouvintes, pois aquilo que não se gosta que se faça, jamais se deve fazer aos outros também.

"O êxito não é fácil de obter. O difícil é merecê-lo."
(Albert Camus)

13
A originalidade de todo pregador

Graças ao Senhor Jesus Cristo, o Brasil é um verdadeiro celeiro de excelentes pregadores do evangelho. E por haver vários, e igualmente bons, por vezes alguns chamam a atenção pelo seu estilo, conhecimento, carisma etc. Com certeza, você tem um pregador de referência, aquele com quem se identifica. Todos têm características peculiares e são agraciados pelo dom divino que Deus concedeu. O pregador pode seguir os exemplos desses pregadores e se inspirar neles, mas todo pregador iniciante jamais deverá se esquecer de que ele tem que criar seu próprio estilo de pregação e apresentação. Quantas vezes fui convidado para ir a uma festividade e quando lá cheguei, para minha decepção, o pregador da noite repetiu uma mensagem de outro pregador conhecido. Todos são capacitados para criar seu próprio estilo.

Eu particularmente não gosto de ouvir mensagens prontas, pois acho que corro o risco de pregar uma mensagem e, se calhar, lembrar-me do trecho de uma determinada pregação e ao lembrar fazer uso desta. Talvez para muita gente isso não seja menor problema, mas se várias pessoas conhecem a mesma mensagem com certeza terão uma má impressão de minha pessoa por ter feito uso de um pequeno trecho da mensagem de outrem. Gosto sempre de dizer às ovelhas que estão sob meus cuidados que todos são capazes de fazer qualquer coisa, só depende de cada um.

Imitar outra pessoa é deselegante, pode trazer constrangimento, além de tudo não é original. Todos são pessoas diferentes uma das outras, por isso o que um faz, o outro pode não conseguir fazer igual. Certa vez fui a um culto e o pastor pediu que todos levantassem as mãos e mostrassem o dedo polegar como se estivessem fazendo um sinal de "legal". Pensei comigo: "O que este pastor está fazendo?" Ele disse que todos deviam olhar bem para o dedo e ver as impressões digitais que nele há. Em seguida ele concretizou seu raciocínio ao explicar que, como aquela impressão digital, não havia nenhuma outra. Para concluir ele disse: "Vire para seu irmão e diga: você é original". Todos são únicos. A conhecida dupla Daniel e Samuel, em um de seus louvores, expressa: *"Você precisa acreditar que quem é filho e herdeiro, quem nasceu pra governar, Deus usa até no cativeiro... Você é especial... quem te deu a vida destruiu a forma e não fez outra igual"*.

Os diversos estilos dos mais notáveis pregadores deste país só servem para eles próprios. O pregador deve criar seu próprio estilo e fazer dele uma marca. Fazendo assim ele também terá a liberdade de modificá-lo quando quiser. A palavra *estilo* foi definida por Cícero como a maneira de uma pessoa falar e posteriormente foi tomada pelo significado da "forma de uma pessoa expressar verbalmente ou num discurso". O vocábulo estilo também é associado às artes, à moda, ao esporte, ao comportamento social das pessoas etc. O estilo a ser criado pelo pregador ficará como uma marca que o fará reconhecido, pois cada pessoa tem sua própria forma de expressar, de escrever, de falar, entre tantas outras, próprias do ser humano. No início do ministério da pregação, uma pessoa pode até assimilar o estilo de outro, mas isso não é aconselhável, como relatei no início deste tópico. Estilo é estilo e não há estilo agradável ou não, pois é a própria pessoa quem o cria. Querer assimilar o estilo do outro é ruim e também não é aconselhável exigir que os outros adotem o seu. Todos têm qualidades e defeitos e Deus o usará da maneira que você é.

Independente do estilo pessoal de cada pregador, alguns comportamentos devem ser observados sempre, como: ser claro, transparente, não ser tímido nem extravagante, não ser hostil, não ser prepotente, passar confiança, ser humilde e, por fim, ser criativo. A criatividade faz o pregador ter desenvoltura e, por conseguinte, ter atenção do público ouvinte. Infelizmente, há muitos e muitos pregadores; alguns têm sucesso e outros, não. Por quê? Falta originalidade. As mentes de sucessos deste mundo são mentes criativas, e a causa do fracasso de muitos pregadores da atualidade é justamente a falta de criatividade.

Há que se libertar dos paradigmas, dos conceitos prontos, de ser mais um que concorda com tudo e mostrar capacidade. Afinal, o apóstolo Paulo escreveu: "Filhinhos, sois de Deus, e já os tendes vencido; porque maior é o que está em vós do que o que está no mundo" (I João 4.4).

Pregador, seja um vencedor. Deus está com você.

"No meio de qualquer dificuldade encontra-se a oportunidade."
(Albert Einstein)

14
O que deve e não deve ser feito pelo pregador

Neste tópico, gostaria de salientar alguns pontos que compreendo serem muito relevantes para que o pregador tenha sucesso diante do auditório.

É certo que é muito difícil cumprir todas as regras da homilética, mas com um máximo de esforço com certeza é possível adquirir uma postura ideal e uma comunicação eficaz.

O que um bom pregador deve e não deve fazer

1. Não colocar repetitivamente as mãos ou a mão nos bolsos da calça ou do paletó, pois isso demonstra insegurança.
2. Não ficar todo o tempo com o dedo indicador em forma acusadora, pois isso demonstra autoridade abusiva.
3. Não dar socos na mesa ou tribuna, pois demonstra falta de educação. Geralmente é lá que está a Bíblia.
4. Não ficar abotoando e desabotoando o paletó, pois isso demonstra nervosismo.
5. Não ficar arrumando a gravata, pois isso demonstra falta de zelo com o vestuário.
6. Não alisar os cabelos a todo instante, pois isso pode causar irritação ao ouvinte.
7. Não brincar nervosamente com a gola do paletó.

8. Não pôr nem tirar o relógio.

9. Não jogar a Bíblia sobre o púlpito depois de lida, pois isso demonstra falta de respeito com a Palavra de Deus.

10. Não segurar canetas ou lápis, pois isso demonstra falta de capacidade. Nesse caso, o lápis ou a caneta dá a falsa sensação de apoio.

11. Não cruzar as pernas virando a sola do sapato para as pessoas ao lado, pois isso demonstra falta de educação. Em alguns países, isso é considerado um ato condenável.

12. Não fixar os olhos em um ponto fixo no auditório ou em alguma pessoa em especial, pois isso demonstra falta de experiência.

13. Deve fazer contato visual com o maior número de pessoas possível.

14. Jamais iniciar sua pregação mencionando seus títulos, suas atribuições e seu nível cultural. Dar, sim, toda honra ao Nosso Senhor e Salvador Jesus Cristo.

15. Não demonstrar preocupação demasiada com detalhes do vestuário, cabelos, sapatos etc.

16. Não conversar durante o culto no púlpito.

17. Não ficar folheando a Bíblia, hinários ou qualquer outra coisa enquanto outro dirige o culto.

18. Sair ou qualquer outro gesto durante a oração.

19. Evitar ao máximo tossir em público.

20. Evitar sorrisos em excessos.

21. Não se sentar de forma inconveniente, ou seja, sentar-se com as pernas abertas.

22. Não brincar com crianças em cima do púlpito.

23. Não demonstrar interesse por qualquer situação alheia à sua competência.

24. Usar do bom humor, mas sem exageros.

25. Se possível, descobrir as necessidades do público ouvinte.

26. Não ficar com o olhar vago, como se a mente estivesse viajando, pois isso demonstra medo.

27. Ser dominante do assunto a apresentar.

28. Ter atenção aos gestos, nunca excessivo.

29. Não fugir do tema.

30. Se possível, utilizar ilustrações e textos de fácil compreensão.

31. Jamais contar piadas no púlpito.

32. Não se debruçar sobre a tribuna, mesa ou qualquer outro objeto que esteja à disposição do pregador.

33. Ter atenção às reações produzidas, se há interesse ou não.

34. Não reagir com rispidez a perguntas impertinentes.

35. Não demonstrar incerteza quanto ao discurso em questão.

36. Ao término do discurso, jamais perguntar se o sermão foi bom ou não.

37. Manter serenidade no olhar.

38. Ter atenção aos vícios de linguagem, como "né", "aleluia" etc.

39. Manter a cabeça erguida.

40. Evitar falar com os olhos fechados.

41. Não usar movimentos desconexos.

42. Manter-se elegante e cônscio dos seus atos.

43. Não folhear a Bíblia com nervosismo; os movimentos devem ser sincronizados.

44. Ao movimentar-se, fazer com espontaneidade e delicadeza.

45. Se possível, ficar sempre atrás do púlpito.

Albert Mehrabian, psicólogo, em um estudo sobre a comunicação, afirma que a transmissão da mensagem do pregador para os ouvintes tem a influência de 7% da palavra, 38% da voz e 55% da expressão corporal. Com isso, é certo que os movimentos do corpo, a postura fisionômica, o olhar e os gestos são aspectos importantes no processo de comunicação.

Ainda referente ao que não deve ser feito, o pregador precisa ter alguns cuidados com a comodidade dos ouvintes. Não foram poucas as vezes que presenciei o seguinte acontecimento: o pastor ou o responsável pelo culto percebe que está chegando a hora da pregação. Ele pede que a igreja se ponha em pé para receber o pregador. Depois de receber a palavra, ele pede que a igreja se assente e após um ou dois minutos de consideração, pede que a igreja se ponha de pé novamente. Um pregador consciente aproveita que a igreja ficou em pé para recebê-lo e faz de imediato a leitura da Palavra, pedindo que a igreja se assente logo a seguir. Não é conveniente uma situação como essa. Pregador, não faça com as outras pessoas aquilo que você não gostaria que fizessem com você.

Púlpito é exemplo de elegância e comportamento social, além de ser um lugar santo e de reverência. Púlpito é lugar de se pregar a Palavra de Deus, então, querido pregador, pregue como se Jesus estivesse pregando em seu lugar.

Até aqui, foi tratado aquilo que deve ser observado para uma melhor apresentação do sermão, mas nada disso permanece quando o pregador está cheio do Espírito Santo. Se Deus usá-lo, meu querido leitor, esqueça tudo aquilo que o faz ficar adstrito à homilética e faça conforme o mover de Deus na sua vida. Mas lembre que observar as doutrinas homiléticas faz com que os pregadores se aperfeiçoem cada dia mais e tenham uma postura correta, causando admiração aos que ouvem e semeando a preciosa semente com a mais perfeita certeza de que os esforços serão recompensados.

"Às vezes as pessoas o ofendem porque, como você, elas estão aprendendo e se desenvolvendo. Perdoa-lhes por não serem completas, perdoa-lhes por serem humanas."

(David W. Schell)

15
Dificuldades encontradas na hora da pregação

Como todo trabalho ou qualquer atividade, no ministério da pregação também surgem algumas dificuldades. Quando se é chamado por Deus para pregar, é preciso ter paixão pela pregação, pois, ao contrário, surgirão mais dificuldades do que aquelas que já se enfrenta. Deus dá, e o diabo quer sempre tirar. Se Deus chamou você para pregar, o diabo irá fazer de tudo para que você não pregue, e cabe a você descobrir como ele fará isso para resisti-lo.

Gostaria de mencionar aqui quatro pontos que considero como grandes dificuldades na vida de um pregador e que por consequência atrapalham sua comunicação eficaz.

Em primeiro lugar, a perseguição. Muitos pregadores do passado foram perseguidos. Em 1 Co 4. 11-14, se diz: "Nós somos loucos por amor de Cristo, e vós sábios em Cristo; nós fracos, e vós fortes; vós ilustres, e nós vis. Até esta presente hora sofremos fome, e sede, e estamos nus, e recebemos bofetadas, e não temos pousada certa, E nos afadigamos, trabalhando com nossas próprias mãos. Somos injuriados, e bendizemos; somos perseguidos, e sofremos; somos blasfemados, e rogamos; até ao presente temos chegado a ser como o lixo deste mundo, e como a escória de todos. Não escrevo estas coisas para vos envergonhar; mas admoesto-vos como meus filhos amados". Paulo está dizendo que pode haver perseguição. Quantos dos pregadores deste país não passam por perseguições? Quantas vezes você, amigo leitor, não foi perseguido por falar a verdade? Quando se é portador de uma mensagem tão linda, como a mensagem do evangelho, haverá sempre oposições, seja ela fora ou dentro da própria igreja. Não é fácil dizer que na igreja há perseguições, mas infelizmente há, e essa perseguição pode vir mascarada de várias formas.

Veja o que aconteceu em uma determinada igreja nos idos de 1998. Pode não ser uma perseguição no sentido próprio da palavra, mas é uma clara demonstração daquilo que os pregadores estão sujeitos.

Certa feita, fui a um culto na virada do ano em uma determinada igreja, e uma das congregações estava encarregada de dirigir o culto. Essa igreja era a sede e lá estavam reunidas todas as pessoas do campo. No púlpito, naquela noite, havia conhecidos pastores, homens de muita experiência ministerial e muitos teólogos presentes. Ao chegar a hora da mensagem, um jovem foi escolhido para trazer a Palavra final. Ele não era teólogo nem tinha rica cultura, mas tinha vontade e coragem, pois muitos não quiseram aceitar o convite para pregar naquela noite. Ao passar vinte minutos de sua pregação, uma cena roubou a atenção daqueles que ali estavam, pois o vice-presidente daquela igreja deu um chute nas pernas daquele jovem, pois a sua pregação não estava impactando os ouvintes como (acho eu) eles queriam. Se queriam ouvir uma pregação com muita eloquência e sabedoria, havia muitos homens capacitados ali para tal. Graças a Deus e para sua glória, o jovem teve sabedoria e com toda calma e direção de Espírito Santo terminou sua mensagem. É isso que acontece. Pode ocorrer com você ser censurado, caluniado, perseguido, mas aquilo que o Senhor colocar em suas mãos, faça-o conforme as suas forças. Você é vitorioso e não há perseguição que poderá desanimar aqueles a quem o Senhor Jesus chamou. "Mas em todas estas coisas somos mais do que vencedores, por aquele que nos amou" (Romanos 8. 37).

O Senhor quer que você vença sempre e não apenas uma vez. Após uma grande vitória, pode surgir uma derrota. Por isso o pregador tem que ter bases firmes e sólidas e um alicerce espiritual forte para resistir às pressões internas e externas, humanas e espirituais.

Em segundo lugar, está o desânimo. Esse mal está fazendo muitos pregadores desistirem de seu ministério. No ministério, há muitas dificuldades, e algumas são vencidas de imediato, outras não. Não é fácil conciliar o chamado para fazer a obra de Deus com a vida secular. O mundo está caminhando num ritmo frenético, em busca de prazer, comodidade, dinheiro e tantas outras coisas. Isso faz muitas pessoas se esquecerem um pouco das coisas espirituais. Com o pregador, não é diferente, se não estiver atento, você se envolve com demasiadas coisas e se esquece do importante chamado. O que nos chama atenção é que o desânimo não acontece de um dia pro outro, porém ele é sorrateiro, vem de mansinho e, se o pregador não estiver atento, ele acaba sendo levado por essa influência maligna. Quando o desânimo chega, o pregador já não tem vontade de pregar, rejeita convites, perde o prazer nas coisas de Deus e quando menos espera está estático, cansado e desanimado. Querido pregador, não deixe que esse mal chegue perto de você, e se sentir que isso está para acontecer, clame o sangue de Jesus e repreenda esse mal. Você foi chamado para ser um atalaia de Deus. "A ti, pois, ó filho do homem, te constituí por atalaia sobre a casa de Israel; tu, pois, ouvirás a Palavra da minha boca, e lha anunciarás da minha parte" (Ezequiel 33. 7).

O terceiro ponto ao qual gostaria de chamar a atenção do amigo leitor é a distração. Quantos não estão se distraindo com as coisas deste mundo? A parábola das dez virgens é um exemplo claro de distração. Todas elas estavam esperando o noivo, mas cinco estavam preparadas e cinco estavam distraídas. A distração pode acontecer em vários aspectos de nossa vida. Quantos já não se distraíram no trânsito e quando se deram conta passaram do local predeterminado. Já vi histórias de pessoas que perderam dinheiro, esqueceram bolsas e muitas outras coisas que aconteceram como consequência da distração. Tudo isso a que me referi são coisas que podem acontecer com você e que com algum cuidado pode-se resolver. Mas a distração que quero aqui mencionar é a distração espiritual.

Quantos pregadores não estão se distraindo com as coisas deste mundo. A busca pela promoção social, pelo aparecimento na mídia e até pelo ganho pessoal está fazendo com que muitos pregadores sejam entrelaçados pelas teias corruptivas deste mundo, perdendo o foco principal. Quando há distração no carro e ocorre algum acidente, existem oficinas especializadas para executar os reparos, e o automóvel fica novo outra vez. Isso é até fácil, mas há um tipo de reparo que não pode ser feito pelo homem: é o reparo espiritual na vida do pregador que se distraiu e não se deu conta. Quando isso acontece, ele tende a se esquecer das coisas de Deus, o que pode trazer consequências terríveis para sua vida.

É de muita valia que o pregador faça sempre uma autoavaliação para saber como está sua vida, e se não tem nada tomando o lugar das coisas de Deus. Conheço obreiros que são bons pregadores e que estão desanimados por que se distraíram, foram sufocados pelas coisas deste mundo e perderam as forças para caminhar.

Assim como aconteceu com as cinco virgens loucas que foram deixadas para trás por causa da sua distração, conserve, pois, o azeite, para poder estar sempre preparado e nunca ser surpreendido. Jamais desanimados, jamais distraídos, jamais vencidos.

O último ponto que gostaria de aqui deixar expresso, sobre as muitas dificuldades existentes na vida do pregador, é a dificuldade financeira. Esta talvez seja uma das mais incisivas dificuldades na vida do pregador. Quando se inicia no ministério da pregação, o pregador tem muitos sonhos, quer se tornar conhecido, quer pregar a tempo e fora de tempo. Já conheci pessoas que ficaram sem o jantar, pois pregaram no culto à noite e logo em seguida apareceu um convite para pregar numa vigília. Normalmente se imagina um ministério que irá decolar rapidamente e que será um sucesso. Mas nem sempre acontece assim. Muitos daqueles que entraram no ministério da pregação foram desanimados ou forçados a parar pelas circunstâncias financeiras. Muitas dessas situações foram criadas por pessoas que não têm e não tiveram a devida consciência ao convidar um pregador.

Passo a explicar. Quantas vezes o pregador foi convidado a pregar em uma igreja e depois do término do culto o pastor ou o responsável vem e diz: "Paz do Senhor, irmão, volte sempre". E você, que teve gastos com transporte, tem de voltar pra casa muitas vezes só com o único dinheiro que tinha. Conheço pregadores que tiveram de pedir o dinheiro da passagem porque não tinham com que voltar. Isso está errado. Quem convida um pregador, seja ele renomado ou não, tem de dar as devidas garantias de que ele necessita, como passagem, hospedagem, alimentação e os demais suportes necessários. Quem não faz assim está infringindo as regras da ética ministerial. Quando isso acontece, muita gente acaba por desanimar, pois quantas vezes mais isso irá acontecer durante seu ministério? Quero aqui também ressalvar que o dinheiro não deve ser objeto da pregação de ninguém. Se há condições para garantir suporte próprio, assim se deve fazê-lo, pois quem cuida de cada um é o Senhor. No entanto, é preciso também olhar com olhos de bondade para aqueles que não têm como garantir seu próprio suporte.

Já preguei em igrejas pequenas nas quais, ao terminar o culto, o pastor perguntava: "O que é que eu posso fazer pelo irmão?", no sentido da ajuda financeira, e eu respondia que ele continuasse orando por mim. Noutros casos, já deixei a oferta dada para a construção da própria igreja, e também já fui a igrejas só com o transporte da ida, e o Senhor nunca me desamparou. A Bíblia enfatiza que todo aquele que quiser viver piedosamente padecerá perseguições. Há perseguições que já mencionei e outras que por ora não. Essas perseguições terríveis poderão vir de vários lugares, como dos homens sem Deus, do mundo e da própria Igreja, mas só se tem perseguições da parte da igreja quando esta se torna alienada, quando perde a visão de Jesus como Senhor. Mas, pregador, se você confia em Deus, não tem nada a temer. Ouça o que diz o apóstolo João: "Filhinhos, sois de Deus, e já os tendes vencido; porque maior é o que está em vós do que o que está no mundo" (I João 4. 4).

A decisão pela vida séria com Deus geralmente é algo que não vai ao encontro da vontade da maioria das pessoas; daí a perseguição. Quando você se propõe a fazer a obra do Senhor com dedicação, pode até vir alguma perseguição, mas ela será sempre derrotada, pois conosco está o Senhor dos exércitos, o nosso refúgio e fortaleza, socorro bem presente na angústia (Salmos 46.1).

Certa vez, um rapaz fantasiou-se de demônio para uma festa à fantasia (lembre-se de que o demônio não tem chifres, nem cauda, não é vermelho, nem verde como se imagina). Aquele rapaz pôs chifres, pintou-se de verde, colocou dentões esquisitos como se fosse um vampiro, vestiu uma capa, empunhou um tridente e saiu. Começou então a chover e a relampejar. Havia uma igreja evangélica no caminho, de onde se ouviam cânticos do povo reunido. O rapaz, fantasiado, escondeu-se debaixo da marquise a fim de se proteger da forte chuva. Acabou a energia elétrica, e ele, com medo, entrou na igreja (esqueceu-se de que ainda estava vestido com aquela fantasia). Ao entrar no santuário, seus ocupantes começaram a gritar: "Olhem o diabo, vamos embora daqui, corram todos!" Saía gente pela porta, pelas janelas, atropelando o pastor, que dizia: "Que está acontecendo? Não vão embora!" Fez-se uma terrível gritaria: "Olhem o demônio, olhem o capeta!" Havia uma senhora idosa que estava numa cadeira de rodas e não pode correr, quando o rapaz dela se aproximou, ela disse: "Olha, diabo, quero que saiba de uma coisa, tem mais de cinquenta anos que sou crente, mas sempre estive do seu lado". É hilária uma situação como essa, mas pode acontecer. A pobre senhora sentiu tanto medo ao ponto de negar a Cristo e se declarar para o "tal diabo". Alimentar o medo pode ser um fracasso na vida do pregador.

Querido pregador, quero dizer algo muito importante da parte de Nosso Senhor e Salvador Jesus Cristo: se você honra a Deus e faz a sua vontade, Ele também o honrará. Não quero dizer que isso é uma teoria, mas que Deus está do lado daqueles que estão com ele. Temos que aprender a honrar a Deus com a fé. É melhor perder a cabeça, no sentido literal mesmo, do que perder a consciência.

Que você, amigo pregador, saiba que muitas dificuldades podem ocorrer, mas o Apóstolo Paulo escreveu aos Tessalonicenses: "Fiel é o que vos chama, o qual também o fará" (I Tessalonicenses 5.24). Não desanime, irmão pregador, Deus está com você. Na vida, existem dois tipos de pessoas: os vencedores e os perdedores. Faça sempre parte do primeiro grupo.

"Aprender como aprender é a habilidade mais importante de se adquirir nesta vida."
(Tony Buzan)

16
O chamado "branco" na memória e as falhas na hora da pregação

Ao pregar uma palavra, muitos têm o devido preparo de executar um esboço, fazer suas anotações e estudar profundamente o texto, para que na hora da transmitir a mensagem tudo ocorra na mais perfeita harmonia e como planejado, mas nem sempre tudo acontece como se quer. Quantos pregadores, ao transmitir uma mensagem, não se esquecem de uma parte do texto ou de uma ilustração, ou até mesmo citam trechos que não estão em conformidade com a mensagem. Isso é normal, há que aceitar com naturalidade, mas há algo a fazer.

Mas o que fazer se na hora de pregar uma mensagem, ministrar um estudo bíblico ou dar uma palestra ocorrer aquele "branco" e não saber o que deve ser feito?

O "branco" no momento da comunicação é algo imprevisível, mas há alguns fatores pelos quais isso pode ocorrer. Quando o pregador está familiarizado com o auditório, é mais difícil de acontecer, pois ele tem facilidade na comunicação e mais liberdade para isso. Mas se o pregador não tem nenhum conhecimento do auditório, pode ficar um pouco nervoso e então pode ocorrer esse imprevisto.

Todo pregador deve, se possível, chegar cedo ao lugar proposto para sua pregação, fazer algumas perguntas ao pastor da igreja ou o responsável que o convidou, sobre se a igreja tem o costume de bater ou não palmas, se ele tem liberdade para fazer isso, entre as demais coisas.

Observe um caso que pode fazer essa situação ocorrer.

Um pregador é convidado para pregar em uma denominação que não é a sua. Ele chega dez minutos após o início do culto (há pregadores que só chegam na hora de pregar, nunca entendi o porquê), não tem mais tempo de obter importantes informações daquele ministério, pois o pastor da igreja está dirigindo o culto e o lugar do lado do pastor onde ele poderia se sentar está ocupado. Quando chega a hora da sua mensagem, ele cumprimenta a igreja, faz uma pequena explanação do texto lido e em um pequeno intervalo pede que a igreja bata palmas. A Igreja reage com estranheza, pois ela não tem esse costume e, ao perceber a reação da Igreja, o pastor diz àquele pregador que ali eles não têm esse costume. Imagine só a situação. Isso deixaria qualquer um constrangido e, a partir dali, o pregador poderia esquecer tudo aquilo que estava preparado para dizer.

O preparo e o conhecimento proporcionam alguns suportes básicos, e assim o lugar e o assunto a tratar poderão ser de grande ajuda para não deixar que o "branco" ocorra.

Outro fato que merece relevância neste tópico é a falta de conhecimento do assunto. Muitos pregadores se veem em um verdadeiro emaranhado de situações por falta de conhecimento de causa. É preciso descobrir qual é o seu talento.

Muitos, como eu, não têm o domínio em algumas áreas do ministério, algo que outras pessoas fazem com a mais perfeita harmonia. Não se deve aceitar uma proposta para falar de um assunto que você não conheça bem. Não se deve fazer algo para o qual você não tenha habilidade. Agora, estando você bem preparado sobre o conteúdo da mensagem e seguindo o roteiro de seu esboço, com certeza evitará transtornos.

Todo pregador deve estar preparado e muito bem preparado. A memória do ser humano é como uma máquina, e alguns dizem ser a mais complexa de todas. E como toda máquina, ela também pode falhar, e essa situação é mais normal do que se pensa. Quantas vezes há algo que se prepara e depois não se lembra quando foi feito, ou não se faz aquilo que era para ser feito. Todo pregador tem de levar em conta que o "branco" pode ocorrer e que ele não está imune, e se assim fizer, as chances de isso acontecer são menores e ainda que aconteça ele saberá o que fazer. Outro recurso que pode ser usado é a falta de improviso. Esta sempre deve estar de acordo com o tema escolhido. Se o pregador fizer uso da fala de improviso, deve tentar perceber se está surtindo efeito, senão deverá mudar para outro ponto da mensagem ou fazer uso de alguns recursos para solucionar o problema.

Veja:

1. Peça a todos que fechem os olhos e faça uma oração, com os olhos abertos, vá até as anotações feitas (esboço) e consulte onde parou, e se não houver anotações peça a Deus que o ajude, pois ele sempre o faz.

2. Peça à igreja que cante um louvor que esteja em conexão com tema, e consulte suas anotações; em seguida, continue a mensagem.

3. O que foi dito pode não ser suficiente. Deverá então o pregador com a maior discrição e naturalidade continuar sua mensagem sem se preocupar com o que ficou esquecido, pois o Senhor sempre surpreende a todos com coisas novas. Ele não o deixará envergonhado se você nele acreditar.

É importante crer que Deus está do seu lado sempre, por isso, pregador, pregue a Palavra de Deus sem medo.

"Frequentemente a desculpa que é dada para uma falta se torna pior do que a própria falta."
(William Shakespeare)

17
A eloquência, a dicção e a gesticulação

Eloquência é um termo traduzido da palavra em latim *eloquentia*, e tem o significado de: elegância no falar, falar bem, garantir o sucesso de sua comunicação, capacidade de convencer e a persuasão daqueles que falam em público. Isso porque, todo o orador, quando fala, quer ser ouvido. Eloquência, ao contrário do que muita gente pensa, não é falar alto, fazer barulho ou fazer o público ouvinte sorrir, se emocionar ou coisa parecida, depois de o pregador dar belos e altos gritos, mas, sim, a soma das qualidades do pregador.

Na antiguidade, a oratória era exaltada a ponto de muitos daquela época se tornarem oradores profissionais. Os sofistas, entre eles, Górgias e Protágoras, eram excelentes oradores. Para que o povo fosse atraído, havia várias formas, entre elas, os gestos, as posturas e até mesmo a forma de teatralização. Esses mestres da oratória faziam constantes viagens de cidade em cidade discursando aos interessados e cobrando-lhes pelo ensino. O cerne de seu ensinamento era baseado no ensino da oratória e como fazer uso de argumentos. Esses mestres partiam da premissa de que eles podiam, se as pessoas lhes pagassem, melhorar seus conhecimentos e suas técnicas de oratória. Para que seus ensinamentos fossem reconhecidos como credíveis, muitos deles argumentavam que sua sabedoria era recebida dos deuses, fazendo com que muitos se interessassem pelos seus serviços. Uma das mais famosas doutrinas ensinadas é a da contra-argumentação, que se baseava na premissa de que "qualquer argumentação poderá ser contraposta por outra argumentação". Os sofistas eram profissionais muito bem remunerados e respeitados por suas habilidades.

Nos tempos antigos, principalmente na Grécia, ouvir um bom orador era algo que as pessoas faziam por prazer. Hodiernamente, a forma de se adquirir conhecimento é espantosa, pois muitos são os meios disponíveis para tal, mas, naquela época, não havia tais meios, por isso os apaixonados por conhecimentos procuravam ouvir os grandes oradores. Fazer com que o ouvinte saísse do ambiente com a sensação de se ter aprendido era o que todo orador queria. Demóstenes, que, por muitos, é imortalizado como o maior orador de todas as épocas, andava na praia com pedrinhas na boca, no sentido de melhorar a nitidez de sua voz, pois, segundo os livros de Filosofia, apresentava uma dificuldade na pronúncia: mas, para mostrar a todos quais eram os seus pontos de vista, esforçou-se muito e conseguiu obter os resultados almejados.

A elocução é o meio mais comum para a comunicação eficaz; sabendo da importância dela, é preciso observar alguns aspectos que com certeza ajudarão na qualidade de pregadores.

Destaco aqui a voz. Ela é o principal aspecto em um discurso. É imprescindível que o pregador faça um bom uso da sua voz ao pregar. Há pregadores cuja voz, quando chegam a uma tribuna, parece que some, e o público não consegue ouvir o que foi dito e sai sem a devida compreensão. A voz precisa ser audível, todos os que estão ao seu alcance precisam ouvir, e também precisa ser compreensível. Não bastam só as pessoas, que estão vendo, ouvirem você, elas precisam compreender o que está sendo dito pelo pregador.

Lembro-me de quando era criança que brincava de telefone sem fio, em que havia uma roda e cada criança dizia no ouvido da outra o que tinha entendido. Era muito engraçado, pois no fim as palavras iam mudando e cada vez que um dizia para o outro aumentava ou modificava a frase inicial.

Na Igreja, por mais engraçado que possa ser, há muitos pregadores que estão fazendo telefone sem fio, e muita gente sai sem entender nada do que foi dito pelo pregador, pois sua voz não era compreensível. Todos precisam compreender. É preciso que as palavras sejam ditas com clareza.

A eloquência não é só falar fácil e corretamente, é muito mais que isso; é impressionar os sentidos alheios, mas expressar o pensamento próprio, com graça, equilíbrio, harmonia e muita perspicácia de tempo e lugar.

Outro fator importante é a dicção. Ela é um dos grandes problemas dos pregadores. Quando se fala nesse assunto, há resistência de algumas pessoas que dizem que nem todos têm acesso à cultura, e por isso cometem erros em sua pregação. Certa vez, um pastor foi corrigir um irmão que disse que todo mundo erra, por isso não tinha problema se ele falasse errado também.

Quando se quer transmitir uma mensagem, é preciso que o pregador tenha muita atenção à sua fala. Não quero aqui dizer que se deva ser um intelectual e usar palavras difíceis que ninguém entende. Não é isso. Quero dizer que se deve ter atenção aos erros primários. Os erros só são cometidos por falta de conhecimento. Se o pregador buscar conhecimento, cultura e informação, ele não terá dificuldades com a transmissão de sua mensagem. Quanto mais cultura ele tiver, mais fácil e mais eficiente será o seu ministério.

Uma boa dicção é sem dúvida um dos fatores mais importantes na vida de qualquer pregador. Mas, por infelicidade, não são poucas as pessoas que cometem excessivos erros de pronúncia ao assumir a responsabilidade diante de um público. Há a troca de letras como o "r" pelo "l", como em "Algum probrema". A omissão do "r" e do "s" em "Vamo levá", "Iremo trazê" etc. Essas são palavras fáceis, mas se o pregador não pronunciá-las corretamente poderá fazer com que o público se desinteresse pela sua pregação.

Na minha Igreja, ensino sempre as pessoas a desenvolverem o seguinte pensamento: "Nós somos capazes de fazer qualquer coisa". Se cometer alguns erros nas pregações, você é capaz de corrigi-los, basta estar disposto a fazer o que for preciso para que esses erros sejam extirpados das pregações.

Infelizmente, a preguiça ministerial tem afetado muitos pregadores, que acham que o jeito que aprenderam é o correto, mas pode não estar. Fazer reciclagem, investir em novos conhecimentos e em novas técnicas é um bom remédio para sanar os vícios existentes nas pregações.

Ouvi um pastor dizer uma vez que o maior desperdício que existe não é o de comida, nem recursos hídricos, nem de energias renováveis, e sim o desperdício de neurônios.

Outra maneira de corrigir erros é aprender com os erros dos outros. O pregador deve sempre estar atento ao que os outros pregadores falam e fazem, pois o comportamento do público irá dizer se este está sendo bem ou mal recebido.

Quando se tem dificuldade de aprender, tem-se também dificuldade de evoluir. Jamais o pregador deve ter preguiça de evoluir no seu ministério. Evolução custa empenho, e é o que muita gente não tem; empenho para galgar novos conhecimentos e fazer a diferença. Muitos preferem realizar uma comunicação ineficaz a empenhar-se em um processo de evolução.

Veja um exemplo de uma pessoa que não quis evoluir em sua comunicação e disse em uma pregação a seguinte frase: "Deus falou com Mozés que estava cheiro do poder, ali Deus unçô Mozés naquela hora e disse: Mozés te aumilha na presença de Deus". Esses e muitos outros erros acontecem no cotidiano das pessoas, mas na voz de um profissional, de um pregador em público, é questionável.

Para se ter uma comunicação eficaz, é preciso que o pregador se esforce e se dedique. Uma boa pronúncia com certeza irá ajudar na transmissão da fala. É um hábito que pode ser conquistado sem demora e com certo esforço. Para isso, o pregador deve estar atento aos erros que porventura possa cometer ou que já comete e não percebe, fazendo uma revisão de sua pregação, se possível pela leitura mais detalhada de certas palavras que possam causar dificuldades na fala. Algumas palavras são difíceis de pronunciar, por isso devem ser estudadas para não cometer erros posteriores. Leia em voz alta, com breves pausas. Deve-se também ter atenção à respiração diafragmática, pois muitos pregadores, ao pronunciar sua mensagem, não dão o tempo necessário à respiração e logo se nota que sua voz fica cansada, causando dificuldade na transmissão e compreensão de sua pregação.

Por fim, a gesticulação é algo que também merece atenção, pois grande parte do tempo em que se passa nos púlpitos faz-se uso dela. Deve-se ter cuidado com os sinais com as mãos e com a postura do corpo, mas quero aqui dar ênfase às mãos, pois elas são responsáveis por pelo menos 90% dos sinais que queremos transmitir na pregação. Com isso, o pregador não deve colocar as mãos para trás excessivamente, pois dá a ideia de alguém que está supervisionando o ambiente ou controlando outras. Também não é aconselhável colocar as mãos na barriga, pois transmite a ideia de que a pregação está cansativa. Colocar as mãos na cintura faz lembrar imposição na maneira de se comunicar. Outro modo que se deve evitar é colocar repetidamente as mãos nos bolsos, pois lembram displicência. Há pregadores que gostam de segurar o pedestal de suporte do microfone. Deve-se ter cuidado, pois conforme o movimento da haste isso pode causar barulhos que podem irritar os presentes. O correto seria apoiar as mãos na tribuna, se houver, ou manter a distância da haste. Por fim, ter muito cuidado com os gestos pejorativos ou que possam produzir sensações desagradáveis. Agora, se uma má gesticulação produz efeitos desagradáveis, uma boa gesticulação produzirá o contrário, ou seja, excelentes resultados. Se as mãos estiverem com o polegar pressionando o dedo médio, produz sensação de força, energia e vigor. Mãos fechadas com polegar pressionando o dedo indicador é sinal de poder. Ao orar, as mãos são fundamentais para demonstrar o que se está querendo. Por exemplo, se mantiver a mão aberta com a palma voltada para cima, pode ser entendido como recebimento. Já as mãos com a palma voltada para baixo pode significar impetração ou doação. As mãos abertas estendidas para cima transmitem a ideia de se estar pedindo algo.

"Os grandes navegadores devem sua reputação aos temporais e tempestades."

(Epicuro)

18
Medo de falar para o público, o que fazer?

Já ficou provado por meio de estudos específicos que o maior medo do ser humano é o de falar em público, o que surpreendentemente ultrapassou o número daqueles que têm medo da morte. Parece estranho, mas é a mais pura realidade. Quantas pessoas, ao serem abordadas por um entrevistador, seja na rua ou praça, evitam os holofotes, pois não se sentem à vontade. Apesar de ser algo natural para muitos, para outros não é, pois lhes falta coragem no momento de falar em público. Por que muitas pessoas se sentem desconcertadas ao falar em público? Por que esse medo?

Se você analisar o seu cotidiano, é perceptível que muitas pessoas, durante todo o dia à sua volta, seja amigos, parentes, colegas de trabalho e até de estudos tenham esse medo. É uma questão analítica que traz uma problemática que muitos conseguiram responder, outros não. O medo de falar em público tem alguns fundamentos como medo de fracassar, ter toda atenção voltada para si, timidez descontrolada, nervosismo, dentre alguns outros. Todos esses motivos são problemas para determinados tipos de pessoas, mas assim como existe o problema também há solução. É isso que trata posteriormente este capítulo.

É de consenso que uma boa oratória fará o pregador ser feliz em seu ofício, pois ao usar o conhecimento da teoria e da prática, além de ter muita vontade de melhorar, o pregador encarará o medo com coragem e tornará sua apresentação algo que as pessoas passem a admirar.

É de salutar importância que o pregador controle o medo porque uma boa apresentação é com certeza indispensável para seu sucesso e traz consigo uma gama de oportunidades que aquele que não se preocupa em se apresentar bem não tem.

O bom pregador é aquele que se esforça; mesmo não tendo muita cultura, ele consegue ter a atenção dos demais e se sente realizado.

O pregador deve ter em mente que, quando se assume o ministério de pregar a Palavra de Deus, este não comporta muitos erros. Há um adágio que diz "Errar é humano, permanecer no erro não". Isso quer dizer que se pode até errar, mas não constantemente. As pessoas, por terem medo, são mais propensas a erros, o que pode custar caro para sua carreira ministerial. Porém, nem tudo está perdido. Qualquer um que sente a necessidade de melhorar seus conhecimentos poderá se tornar um excelente pregador.

Muitos pregadores não se preocupam em como vão transmitir sua mensagem. É preciso que todo pregador, principalmente os iniciantes, faça uma autoavaliação de sua postura. Essa avaliação o ajudará na busca pela excelência de sua mensagem. Muitos não se autoavaliam talvez por não querer trazer à tona medos e dificuldades.

Falarei aqui sobre alguns aspectos importantes que podem ajudar aqueles que têm certas dificuldades na oratória.

Em primeiro lugar, o pregador deve ter atenção ao nervosismo descontrolado. Estar nervoso em uma ocasião é algo completamente natural e este é com certeza um dos maiores vilões daqueles que são iniciantes no ministério da pregação. Quantos não sentiram as pernas tremerem, a voz falhar ou o corpo suar de maneira desenfreada. O momento mais crítico é quando chega a oportunidade, e muitas vezes o pregador até se preparou, mas ao enfrentar o auditório ele é tomado pelo nervosismo.

Lembro que fui a um congresso onde estava pregando um dos maiores pregadores deste país, e ele contou que, quando foi convidado para pregar pela primeira vez, ele chegou à igreja e, para sua surpresa, havia muita gente naquele lugar. Ficou então muito nervoso e quando pegou o microfone pediu que todos fechassem os olhos e que ninguém deveria ficar com os olhos abertos. A Igreja assim fez, e ele saiu pela porta dos fundos e foi-se embora.

Ao se aproximar do momento de falar, momento este que pode ser dos mais variados, tente controlar o nervosismo; não é fácil, mas é possível. Para controlar o nervosismo, é preciso o pregador saber que este não pode ser alimentado. Atitudes como roer as unhas podem prejudicar; cruzar e descruzar as pernas repetidamente, andar de um lado para o outro como se estivesse sem rumo podem ser estimuladores do nervosismo.

Quando dou aula de Homilética para meus alunos, falo muito sobre o nervosismo, e um dos fatores que mais contribuem para tal é o pregador acreditar que é inferior a alguém na plateia ou na tribuna.

Querido leitor, se você é um pregador, tem autoridade do Espírito Santo para transmitir sua mensagem, por isso, ainda que haja alguém demasiadamente importante na plateia, você é escolhido e chamado por Deus e tem autoridade para tal. Seja forte, não fique nervoso, você é um vencedor. Essas dentre outras atitudes são verdadeiros combustíveis que inflamarão a chama do nervosismo em você, mas, se você acreditar que você é forte, poderá vencê-las com facilidade, caso contrário, aumentarão sua intranquilidade. O nervosismo é uma chama que alimenta o medo de falar em público, por isso deve ser evitado.

Em segundo lugar, o pregador deve estar consciente daquilo que vai pregar. O público pode não conhecer seu esboço, mas com certeza saberá se você preparou ou não sua mensagem.

Pregar sem conhecimento de causa é constrangedor para qualquer pregador, pois poderá ser surpreendido a qualquer momento e não saber o que fazer. Muitas vezes o pregador poderá fazer uso de observações que foram feitas no próprio ambiente. Um simples gesto ou um louvor serão suficientes para dar ao pregador uma oportunidade de perceber alguns aspectos que serão relevantes para sua mensagem, mas essas observações devem estar de acordo com o tema proposto.

Como parte da técnica da oratória, o medo de falar em público pode ser controlado se o pregador souber exatamente o que vai dizer. Apresentar uma mensagem diante de um auditório sem se preparar pode ser comparado a andar num caminho escuro, nunca sabemos quando vamos tropeçar.

Em terceiro lugar, está a postura do pregador. A linguagem corporal deve ser levada a sério para aqueles que levam a sério o ministério da pregação. Grande parte dos nossos gestos é produzida inconscientemente, talvez essa inconsciência seja o motivo por que muitos não se dão conta e os cometam repetitivamente. Se quiser, poder-se-á evitar que as pessoas que o ouvem venham perceber o que se passa com você. É natural que todo pregador passe por momentos de nervosismo e sinta até medo em algum momento de sua carreira, mas jamais deve deixar isso transparecer ao público. Ao postar-se para um auditório, o pregador deve demonstrar pela sua postura um comportamento seguro e eficaz. Se o pregador demonstrar segurança, o público reagirá com naturalidade e ficará interessado em ouvir a sua mensagem. Não é fácil controlar o comportamento, mas se com diligência atentar para comandar a postura, por fim, você acabará reagindo naturalmente, adquirindo e transmitindo confiança.

O controle do medo deve ser encarado com otimismo. Você com certeza não é o primeiro nem o último a sentir medo ao falar em público. Grande parte dos pregadores pode até não demonstrar, mas de vez em quando são incomodados pelo medo.

Certa vez perguntaram a um renomado orador de multidões se ele sentia algum calafrio ou medo quando falava para multidões. Sem hesitar, ele respondeu: "Não há uma única vez que subo em um púlpito para pregar que eu não sinta".

Muitos deles podem até não declarar, mas são denunciados por alguns vícios que são indicadores do medo. Isso não é motivo para desistir. Quando o medo aparecer, encare-o normalmente e, com o passar do tempo, ele perderá a batalha para sua experiência. Confie e acredite que muitos dos pregadores admirados já passaram por isso e venceram, e eles não são melhores do que você. Não desista dos seus sonhos, não deixe que o medo o atrapalhe, meu querido irmão pregador. A chama do medo pode até nascer no seu ministério, mas jamais deverá ser alimentada. Se o medo chegar, faça o possível para controlá-lo, nunca tome decisões precipitadas, pois estas podem deixar cicatrizes ministeriais difíceis de serem sanadas.

Há uma história muito interessante sobre precipitação que gostaria de compartilhar com você, amigo leitor. Um estudante preparava um trabalho que deveria ser apresentado na sua próxima aula. Depois de pesquisar todos os livros da sua biblioteca, não conseguiu encontrar dados que confirmariam sua pesquisa. Lembrou-se, finalmente, de que um colega possuía um livro que continha as informações necessárias. O problema estava resolvido. Saiu apressadamente para a casa do colega para pedir o livro emprestado. Enquanto caminhava até o destino, lembrou-se de que esse mesmo colega emprestara-lhe um livro para ler num final de semana e já na segunda-feira estava à sua porta pedindo a devolução desse livro. Essa atitude, pensou, demonstrava claramente que o seu colega não gostava de emprestar seus livros. Mesmo assim, criou coragem e partiu em busca do empréstimo. Enquanto caminhava, previu algumas situações que o deixaram perturbado; o colega poderia ficar mal--humorado recusando-lhe emprestar o livro, acusando-o de ser negligente por ficar tempo demais com o "seu livro". Por pouco, ele não desistiu do empreendimento, mas, se agisse assim, poderia ser reprovado por não apresentar o trabalho completo. Aborrecido, irritado, humilhado, chegou finalmente ao destino. Apertou a campainha e esperou que a porta se abrisse. Quando foi atendido, estava tão irritado que não conseguiu se controlar, ergueu os braços e disse: "não preciso da droga do seu livro, fique com ele e faça bom proveito".

Não tire conclusões precipitadas. Enquanto estiver aguardando sua vez de falar, não imagine cenas pessimistas. Errar é humano. Quem nunca se esqueceu de uma data, trocou versículos etc. Isso pode até acontecer, mas não com frequência. O pregador deve ser conhecido pelos seus acertos e não pelos seus erros. Procure estar sempre concentrado na hora da sua pregação. Se fizer assim, o auditório sentirá isso e você ficará mais confiante.

Por fim, gostaria ainda de dizer sobre um dos responsáveis pelo medo na vida de muitos pregadores. É comum que todo pregador adquira vícios: uns mexem nos botões da roupa, nos bolsos, no lápis, numa folha de papel e até no fio do microfone. Isso jamais poderá dar segurança ao pregador e fazer com que ele se saia melhor em seu discurso. Pelo contrário, irá fazer com que o nervosismo aumente e o medo apareça. Não são poucos os pregadores que, ao iniciar sua carreira, adquiriram vícios para tentar minimizar o nervosismo e não sentirem tanto medo. Infelizmente, quem comete esses vícios age de maneira errada, e seus vícios, que a princípio podem lhe dar segurança, depois lhe causam constrangimento, além de tirar a atenção do público.

Ao me referir a vícios, não quero aqui dizer só em segurar ou manusear objetos, há também os vícios de linguagem. Muitos pregadores cometem erros gravíssimos que, além de serem prejudiciais para si mesmos, são irritantes para o público.

Veja alguns exemplos desses vícios: O pregador chega à igreja e ao cumprimentá-la diz: "Saldo os irmãos com a paz do Senhor". Saúdo é a diferença entre débitos e créditos em uma transação bancária. O correto seria "Saúdo os irmãos com a Paz do Senhor". "Saúdo" vem do verbo "saudar" e é usado para saudação. Outros, ao cumprimentar a igreja, dizem: "Saúdo os irmãos com a paz do Senhor amém". O que está errado nessa saudação? A palavra amém significa "assim seja", portanto ele cumprimenta o público presente e já responde sua saudação. A maneira certa é cumprimentar o auditório e esperar que este responda. Há também aqueles que repetem a mesma palavra centenas de vezes.

Conheci um pregador que no início de seu ministério repetia a palavra "Aleluia" muitas vezes. Só num culto em que estive presente ele repetiu a mesma palavra mais de trezentas vezes, isso que pude contar. Também a expressão "né" é muito usada por certos pregadores. Não são poucas as vezes que fui a igrejas e lá vi esse tipo de vício. Imagine uma pregação que se inicia assim: "Saldo os irmãos com a Paz do Senhor né. Estou feliz né igreja, graças a Deus né o Senhor tem nos ajudado né, nos tem dado vitória né, e está aqui hoje né." Parece hilário, mas acontece com mais frequência do que se imagina. Os vícios podem dispersar o auditório, fazendo com que percam a atenção que deveria ser dirigida à mensagem pregada.

Desde que não de torne um vício, pouco antes de se dirigir a tribuna, descarregue toda tensão apertando as mãos ou respirando fundo pausadamente, mas, quando o fizer, faça-o no máximo duas vezes, pois se você chegar diante do auditório com essa atitude, consequentemente demonstrará que está nervoso. Quando se chega a um auditório nervoso, todos percebem, pois uma das primeiras indicações de alteração no estado emocional de uma pessoa ocorre com a voz.

O nervosismo acaba por deixar a voz enroscada na garganta e cada palavra pronunciada demonstra a dificuldade em expressar-se ao público. Isso acabará por gerar mais intranquilidade ao pregador. Se isso ocorrer enquanto estiver falando, respire profundamente, beba água, e em seguida, provavelmente, sua voz já estará restabelecida. É comum que todos passem por esses problemas que apresentei aqui, mas com o exercício da prática com certeza você irá progredir.

Lembra-se de quando aprendeu a andar de bicicleta? Nunca esquecerá os tombos e os arranhões que ganhou por não ter prática. Às vezes, queria pedalar mais rápido mas não havia um compasso no movimento das pernas. Muitas vezes as pessoas o viam e até mesmo riam de você. Mas essa fase passou e hoje (para quem já aprendeu) você é capaz de tal façanha. Assim é o ministério da pregação. Hoje talvez você não tenha, mas chegará um dia que essa fase vai passar e você olhará para trás e dirá como Samuel disse: "Até aqui nos ajudou o Senhor" (1 Sm 7.12).

"Eu nunca descobri alguém que pudesse afirmar com toda absoluta certeza aquilo que é possível e aquilo que não é possível de ser realizado."

(Henry Ford)

19
Preparo e apresentação do sermão

Até aqui, falou-se sobre as atitudes que o pregador deve ou não tomar, mas a partir daqui a ênfase será para o sermão e as técnicas de como prepará-lo, além de algumas dicas que poderão ajudá-lo, amigo pregador, na construção e na apresentação de sua mensagem, pois falar sobre como pregar e não falar sobre o conteúdo do que se vai pregar, seria como uma pessoa que vai ao médico, participa da consulta e sai de lá sem o devido tratamento.

Certo pregador definiu sermão como "Sermão só é sermão, quando sai do coração, vai para a mente do pregador e dela para a mente do ouvinte e depois para o seu coração". Ele ainda conclui: "Sermão é o extravasar do coração". É aquilo que está dentro de cada um e que sairá na pregação por meio de suas palavras. Muitos pregadores não têm essa convicção e usam em seu sermão palavras e histórias de outros pregadores, e isso não é sermão. Para que o amigo leitor entenda melhor, darei aqui um conselho que o ajudará a entender mais sobre esse assunto.

Não pregue sobre a volta de Cristo se você não está de todo coração querendo que Ele volte. Se assim fizer, não é um sermão, mas sim um ato de demagogia. Por isso, desde o preparo do sermão até a sua apresentação, é preciso ter absoluta consciência da presença do Espírito Santo e de uma comunhão com Cristo. Ore e medite para que haja desenvoltura na pregação do sermão.

A primeira preocupação na estrutura do sermão é em preparar o corpo, depois a conclusão e por último a introdução. O pregador precisa definir a ideia central do sermão e qual é a mensagem que ele quer que o público entenda. Após a definição da ideia central, do texto, o pregador precisa tentar responder as seguintes perguntas:

O que o autor quis dizer com este texto e qual aplicação que o autor queria dar por meio dele?
O que eu, pregador, aprendi com o texto e qual a lição que quero ensinar por meio dele?
Por fim, qual é o meu objetivo? Aonde quero chegar com esta mensagem?

Ter um objetivo é fundamental, uma vez que os objetivos devem ser descritos de modo que não restem dúvidas sobre o seu significado.

O objetivo deve ser entendido do mesmo modo pelo pregador e pelo auditório. A técnica educacional que está inserida na pregação precisa de um objetivo que se baseia na descrição dos comportamentos desejáveis a serem observados pelos ouvintes. Esse tipo de descrição significa o produto final de ensino, ou seja, o que você conseguiu com sua pregação.

Em um texto bíblico, há a história do texto, a revelação do texto e os mistérios do texto. A história do texto é aquilo que lá está escrito, a revelação do texto é a mensagem de aplicação que o pregador consegue extrair, e os mistérios do texto estão ocultos, mas Deus os revela àqueles que estão dispostos a conhecê-los. Toda essa estrutura deve ser levada em conta para se preparar uma mensagem.

Depois de estar ciente daquilo que vai falar e estabelecer a ideia central, o pregador deverá fazer as principais divisões do sermão, que chamamos de "O corpo do sermão ou mensagem". Em seguida, fazer um rascunho e agrupar os pensamentos que sejam úteis na construção do tema, como as ilustrações. Um sermão sem ilustrações é como um edifício sem janelas, mas os pregadores não se devem habituar a relatar ilustrações ou anedotas importunas em conexão com seus sermões, pois isso redunda em detrimento da força da verdade presente. As ilustrações podem ajudar na exposição de sua pregação. As ilustrações facilitam a compreensão do texto, despertam e aumentam o interesse, pois tornam a linguagem mais fácil, fortalecem a ideia central do sermão, promovem descanso mental e deleite e, por fim, comovem os sentimentos.

Finalizando esse assunto, o pregador não pode esquecer sobre o que fazer ao escolher um assunto. Há aqui alguns pontos que são relevantes no que tange a esse tema. Existem fatores que o pregador deve primar na escolha de um assunto.

Já vi muitos pregadores que não se saíram bem na sua pregação porque não tinham afinidade com o tema ou este não lhes interessava. Se você não tem afinidade para pregar em cultos específicos, como culto de Santa Ceia, missões, não o faça, pois poderá ter dificuldades. Imagine um pregador que tem medo de orar para que as pessoas sejam curadas. Talvez exista esse medo em consequência de nunca ter visto alguém ser curado. Ele é convidado para pregar sobre um tema cuja ideia central é "cura". Ele pode até falar, mas terá dificuldade na apresentação porque nunca se interessou pelo assunto. Se o tema proposto for de interesse do pregador, ele então deverá adquirir competência para pregá-lo. Essa competência é adquirida pelo estudo sistemático e aprofundado do tema. É também importante que o pregador tenha noção do interesse do público pelo assunto.

Já fui convidado diversas vezes para pregar em igrejas de outras denominações e muitas delas são conhecidas como igrejas tradicionais. Muitas dessas igrejas não creem no batismo com o Espírito Santo, no falar em outras línguas e em cura divina. Imagine se você é convidado para pregar numa igreja dessa e chegando lá o tema que você leva para pregar é sobre "O Batismo com o Espírito Santo". Será muito difícil que o público tenha interesse pela sua pregação, por isso o pregador deverá ponderar se o assunto é ou não pertinente.

Verifique também se assunto que você irá pregar não tem sido pregado com alta frequência para aquele auditório. Se souber que sim, tente trazer coisas novas e busque a aprovação de Deus para o assunto que você irá pregar pela oração.

A apresentação do sermão talvez seja a parte mais difícil, pois é a hora em que o pregador tem de expor tudo o que está no papel. Nessa hora, é imprescindível tomar muitos cuidados, como:

1. Suba à plataforma bem preparado, não se esquecendo de que a dependência do Espírito Santo é fundamental.
2. Comece com calma.
3. Prossiga de modo modesto.
4. Não se irrite com qualquer coisa que lhe tire a atenção e seja humilde.
5. Seja o mais claro possível.
6. Empregue frases curtas e bem claras.
7. Evite monotonia.
8. Seja sempre senhor da situação.
9. Não use expressões maliciosas.
10. Não seja hostil.

11. Ande na plataforma com postura e elegância.
12. Não ilustre com narrações longas.
13. Nunca elogie a si próprio.
14. Não se afaste do texto ou do tema.
15. Não seja prolixo em seus discursos.
16. Procure suscitar interesse no auditório.
17. Fale com autoridade, mas não de maneira autoritária.
18. Procure usar a voz em um tom apropriado de acordo com o ambiente.
19. Não fixe os olhos no chão, nem no teto, nem tampouco em algum ouvinte em particular.
20. Quando for citar um texto bíblico, cite primeiro o livro, depois o capítulo e por último o verso.
21. Por fim, dê toda honra e glória sempre a Cristo.

O sermão é apenas o modo como o pregador fará para transmitir sua mensagem, mas o que muita gente não sabe é que muitas pessoas vão à igreja para ouvir algo mais do que o sermão. Elas querem que suas vidas sejam transformadas e essa transformação tem de vir acompanhada do sermão pela obra do Espírito Santo. Pregar um sermão não é só assumir uma tribuna e falar o que lhe convém. Não. É mais do que isso. É ajudar as pessoas com o seu conhecimento. Seu sermão precisa ser transformador de vidas; mais do que nunca, sermões que promovem mudanças. Em Pv. 18.21, Salomão fala de uma comunicação que edifica: essa, sim, deve ser a comunicação do pregador, e seu resultado é vida. Infelizmente existem vários pregadores que em vez de edificarem as vidas que estão ao alcance da sua voz, destroem-nas. O fruto de uma pregação destruidora é a morte, conforme diz Provérbios: "A morte e a vida estão no poder da língua; e aquele que a ama comerá do seu fruto" (Pv. 18.21).

As pessoas são necessitadas de constante ajuda. Certo escritor foi feliz em dizer: "O pregador que o povo mais ama é aquele que lhes dá ajuda para sua vida diária." Como pregador, seja mestre da Bíblia, pois ela é o um manual de ensino. Atente-se e certifique-se de que ao ensinar as pessoas realmente aprenderam e que seu ensinamento não vai prejudicar os ouvintes e a igreja. Cuidado, muito cuidado, ao pronunciar palavras que possam ferir a igreja ou quem a pastoreia, pois os obreiros locais são aqueles que permanecem anos e anos ali enchendo o templo, e se o pregador não é consciente pode fazer com que o trabalho e esforço de muitos anos do ministério local seja desmoronado em trinta ou quarenta minutos. Vigie quanto a isso.

A pregação precisa ser, além de espiritual, didática. O vocábulo "didática" deriva da expressão grega Τεχνή διδακτική (*techné didaktiké*), que se traduz por arte ou técnica de ensinar. Regra geral, pode-se dizer que a didática é uma ciência que tem por objetivo ocupar-se das estratégias de ensino, das questões práticas relativas à metodologia e das estratégias de aprendizagem. Há inúmeros pregadores que querem pregar para ficarem conhecidos, ter alguns benefícios e até aparecerem na mídia, mas o pregador que tem certeza de que foi Deus quem o chamou terá como objetivo da sua pregação glorificar a Deus e ensinar o povo as inefáveis verdades bíblicas de que tanto este mundo precisa.

O próprio Senhor Jesus falou sobre o dever de ensinar: "Ensinando-os a guardar todas as coisas que eu vos tenho mandado; e eis que eu estou convosco todos os dias, até a consumação dos séculos" (Mateus 28. 20). Amém.

"Conhecimento é conhecer um fato. Sabedoria é saber o que fazer com o fato."
(Autor desconhecido)

20
As divisões de um sermão

Todo sermão tem divisões, e são elas: introdução, corpo e conclusão. O pregador também pode começar pela introdução e se quiser pode inverter essa ordem e começar pela conclusão. Certa vez alguém perguntou ao escritor O. Henry qual o segredo para escrever uma história. "É simples", respondeu, com um sorriso, "basta pensar no fim e construir a história que conduza a ele". Mas a ênfase será para o modo mais tradicional que é começar pela introdução e terminar com a conclusão.

Assim como numa plantação é necessário fazer a preparação da terra para o plantio, e esse preparo necessita de ferramentas, a introdução é como se fosse um arado que prepara a terra para receber a preciosa semente que será plantada.

Na introdução, o pregador consegue fazer coisas que não são possíveis de se fazer em todo o resto da pregação. A introdução prepara e desperta a mente dos ouvintes para o assunto a ser abordado e introduz o assunto. Existem três tipos de introdução, sendo a direta, a indireta e a de improviso. Geralmente essa última é a mais usada, pois o pregador tem a oportunidade de usar um hino que foi cantado ou um testemunho que foi dado anteriormente como parte da introdução. Como já disse, a introdução é algo importante, mas muita gente exagera. Já vi muitos pregadores que falam cerca de meia hora e, talvez para dar uma sensação de que sabe muito, ele diz: "Já preguei meia hora e ainda estou na introdução de minha mensagem". Isso é um erro que um pregador consciente e ético não comete. Não se deve cometer excessos. Alguns erros devem ser evitados, como começar a introdução com desculpas. Já vi muita gente iniciar dizendo: "Irmãos, não estou preparado, mas Deus vai falar conosco". Outros são dotados de um sensacionalismo extremo. Dizem que Deus vai fazer e acontecer e no fim não se vê acontecer nada. Há também os que gostam de contar piadas (arrancar risos da plateia) na introdução da sua mensagem. Não sou contra o pregador fazer o auditório se descontrair, mas jamais usar o humor em excesso. Excesso de humildade também deve ser evitado. Quantos não sobem as tribunas para pregar e logo iniciam dizendo que são barros, são pó etc. Já vi pregador dizer que ele, diante de Deus, era um verme. Sabemos que não podemos comparar criador com criatura, mas dizer algo assim na pregação é errado e pode ferir a sensibilidade dos ouvintes.

Veja quais os tipos de sermões que o pregador pode fazer uso em suas pregações.

Três são os tipos de sermões: Sermão Temático, Sermão Textual e Sermão Expositivo. Esses sermões são classificados por duas formas, a saber: pelo assunto ou pelo método, podendo ser discursivo ou expositivo.

Pelo assunto

- Doutrinário. É aquele que expõe uma doutrina (ensinamento).
- Histórico. É aquele que conta uma história (narrativo).

- Ocasional. Destinado a ocasiões especiais como casamento, aniversários, funerais etc.
- Apologético. Tem a finalidade de fazer apologia (fazer uma defesa).
- Ético. Enaltece a conduta e a vida moral e ética.
- Narrativo. Narra um fato, um milagre.
- Controverso. Tem por finalidade atacar erros e heresias.
- Biográfico. Este é um dos menos pregados, mas tão importante quanto os outros. É um tipo de sermão que tem por objetivo expor a vida de algum personagem bíblico como modelo de fé e exemplo de comportamento.

Pelo método

Sermão Temático

É aquele cuja divisão das ideias é extraída do tema. Esse tipo de sermão é de fácil preparo e divisão, por isso é o mais usado. Esse sermão é muito usado para a evangelização, ensinamento das doutrinas, estudos bíblicos e debates éticos. A divisão está independente do texto, ou seja, uma vez usado o texto, esse não precisa ser mais usado. A não ser que contenha a ideia central. Para quem está iniciando no ministério da pregação, esse sermão é o mais apropriado; por quê? Escolhe-se um tema e depois busca-se, nas páginas seletivas da Bíblia, variados textos que irão apoiar as ideias que foram escolhidas. Darei aqui dois exemplos de sermão temático:

Jesus está olhando para nós:
a) Seus olhos estão sobre os caminhos dos homens (Sl 106.6).

b) Olha para o coração (l Samuel 16.7).
c) Olha para nossa mente (Is 26.3).

A tristeza de Cristo:
a) Por causa do homem (João 11.32-36).
b) Por causa de uma cidade (Lucas 19.28, 41-44).
c) Por causa do mundo (Mateus 26.36-38, Lucas 22.44).

Sermão Textual

Esse difere do anterior, pois sua divisão (ideias principais) é tirada do texto bíblico. Aqui as ideias secundárias poderão ser extraídas de outros textos bíblicos. Esse tipo de sermão faz com que se tenha a atenção fixada em uma parte da Bíblia. Por ser baseado em um texto, irá obrigar o pregador a estudar constantemente a Bíblia. Geralmente usa-se um ou dois versos. Dois exemplos de sermões textuais.

O que Deus espera de você (Miqueias 6.8):
a) Humildade.
b) Amor.
c) Equidade.

(As lições dessas ideias devem ser extraídas exclusivamente do texto).

O que devemos fazer? (Apocalipse 14.7):
a) Sermos tementes a ELE.
b) Glorificar a ELE.
c) Prestar culto a ELE.

(As lições dessas ideias devem ser extraídas exclusivamente do texto).

Sermão Expositivo

É aquele que surge de uma passagem bíblica com mais de dois ou três versículos. Pode se usar as parábolas. Teoricamente, esse tipo de sermão difere do sermão textual, principalmente pela extensão da passagem bíblica em que se baseia. É considerado por muitos o mais difícil de pregar, pois se ocupa principalmente da área exegética ou da plena exposição de um texto.

A ideia do sermão expositivo é explicar o texto, por isso o pregador deve ter pleno conhecimento do texto a ser exposto.

A pregação expositiva seria a forma mais autêntica da pregação e segue a prática dos grandes pregadores do passado, como Santo Agostinho, Lutero, Calvino etc.

Nos Evangelhos, quase todos os parágrafos contêm material para um sermão expositivo, que pode não ser difícil de preparar se o pregador tiver dedicação. Dois exemplos de sermões expositivos.

Para que somos crentes? (Mt 5. 13-16):

a) Para sermos o sal (v.13).

b) Para sermos a luz (v.14).

c) Para sermos exemplo (v.16).

(Os versículos lidos deverão ser explicados seguindo na ordem textual).

Quando alguém chega à igreja (Isaías 6.1-8):

a) Consegue ver Deus (v. 1-14).
b) Reconhece o seu pecado (v. 5).
c) Reconhece que precisa mudar (v.8).
(Os versículos lidos deverão ser explicados seguindo na ordem textual).

"Há pessoas que desejam saber só por saber, e isso é curiosidade; outras, para alcançarem fama, e isso é vaidade; outras, para enriquecerem com a sua ciência, e isso é um negócio torpe: outras, para serem edificadas, e isso é prudência; outras, para edificarem os outros, e isso é caridade".

(S. Tomás de Aquino)

21
Métodos para preparar e pregar sermões

Havia um pastor episcopal que era muito preguiçoso e há muito tempo já tinha desistido de preparar os seus sermões. Sua congregação era de pessoas de pouca cultura. Ele tinha o dom da oratória, de modo que era muito fácil para ele pregar sem qualquer preparação. Além de preguiçoso, também era muito piedoso, de modo que racionalizava sua preguiça como muitas vezes os piedosos fazem. Ele fez um voto muito solene: jamais voltaria a preparar os seus sermões, falaria de improviso e confiaria que o Espírito Santo lhe daria o que falar. Por alguns meses, tudo correu muito bem.

Certo dia, faltando 10 minutos para as 11 horas, na manhã de domingo, um pouco antes de o culto começar, quem entra pela porta da igreja? O bispo. Era uma visita de surpresa. Ele sentou-se num dos bancos. O pastor ficou imaginando o que deveria fazer. Não havia preparado o seu sermão. Pensou que podia enganar a congregação, mas sabia que não conseguiria enganar o visitante. Ele foi até ao bispo, cumprimentou-o e lhe disse: "Acho que devo lhe explicar uma coisa. Alguns anos atrás eu fiz um voto de que nunca iria preparar os meus sermões, mas confiaria no Espírito Santo". "Está tudo bem", disse o bispo, compreendendo muito bem a situação. O culto começou, mas, no meio do sermão, o bispo levantou-se e saiu. Quando o culto terminou, o pastor foi para o vestíbulo da igreja. Encontrou sobre a mesa um bilhete com a letra do bispo e nele estava escrito o seguinte: "Eu o absolvo do teu voto".

Outra história, dessa vez, de um pastor presbiteriano arrogante. Esse pastor morava ao lado da igreja. Ele costumava vangloriar-se de que todo tempo que precisava para se preparar o sermão era o tempo que gastava para ir de casa à igreja. Você pode imaginar o que os presbíteros fizeram? Mudaram a casa para 8 km de distância. Assim, ele tinha mais tempo para preparar os sermões.

Espero que você concorde comigo que é preciso preparar sermões. Como fazer isso? É uma questão muito subjetiva. Não há maneira única de preparar sermões. Cada pregador tem que desenvolver seu próprio método.

Preparar uma mensagem e pregá-la não é fácil. Mas, existem alguns métodos que poderão ajudar o amigo leitor a fazê-lo. Existem alguns métodos pelos quais os pregadores podem preparar sua mensagem e depois pregá-la.

Pode-se escrever e ler o sermão. Esse método traz habilidade ao pregador na arte de escrever, visto que com ele o pregador pode empregar as palavras com bastante cuidado. Também ajuda na melhor unidade do sermão, fazendo com que o pregador vá para o púlpito consciente e apto para falar aquilo que preparou. Com esse método, o pregador pode citar os textos bíblicos com bastante exatidão, não correndo o risco de cometer erros na citação. Gasta-se também menos tempo em dizer o que tem a transmitir, pois ao escrever o texto ele já começa por memorizá-lo. O pregador deve ter cuidado, pois esse método traz alguma desvantagem, como muito tempo para escrever, e se o pregador é convidado para pregar de última hora, esse método pode não ser aconselhável. Há muitas vantagens em falar como explicado no método anterior, porque exercita a desenvolver a memória, deixa o pregador livre para gesticular e parecer mais natural. Também esse método apresenta desvantagem, pois quando se decora um texto, tem de se ter a certeza de que o texto está todo decorado, pois se o pregador esquecer-se de uma palavra ou frase pode pôr em perigo todo o sermão e perder a credibilidade.

Há também outro método, que consiste em preparar um esboço e pregar. Nesse método, o pregador gasta menos tempo em preparar o sermão. Dessa maneira, o pregador irá habituar-se a desenvolver o pensamento e ficar livre para gesticular. O pregador fica livre para usar sua imaginação e criatividade ao usar ilustrações que se lembrar no momento. Esse é o método mais utilizado na oratória. Como nos métodos anteriores, cuidados também devem ser tomados, pois o pregador pode perder o hábito de escrever e confiar muitas vezes no improviso, o que não é aconselhável.

Outro método utilizado é o de apresentar os sermões com esboços, ou seja, pequenas anotações feitas ao longo da experiência do pregador e do seu estudo sistemático. Essas anotações podem conter pensamentos, frases, ideias, palavras, e toda uma gama de opções que o pregador poderá usar. Elas poderão ajudar o pregador a compor a ideia central da mensagem ou lhe fazer lembrar de pontos importantes no sermão. Mas, atenção! Deve-se ter cuidado com o uso de esboços, pois apesar de serem de grande valia para o ministério, deve seu uso ser consciente. Estes devem conter somente as ideias principais, ser claros e não conter pontos incompreensíveis.

O outro método usado na pregação é a pregação sem esboços. Nesse método, o pregador tem mais mobilidade, pois não está condicionado às anotações feitas. Esse método é muito utilizado, talvez o mais usado entre todos os métodos porque traz sensação de liberdade ao pregador, mas deve-se ter atenção ao utilizá-lo, o que requer mais coragem e habilidade do pregador tendo em vista que ele terá de ter em mente toda a ideia do sermão.

Por fim, a pregação sob forma de discurso. Essa pregação é muito pouco utilizada, pois para muitos o pregador fica todo tempo restrito ao que está no papel, fazendo com que se tenha pouca liberdade. Uma de suas vantagens é a segurança proposta por esse método, pois o pregador sabe que a probabilidade de se cometer erros é quase nula. Mas, é necessário que haja alguns cuidados como dominar bem o texto escrito, isto é, conhecê-lo profundamente, ler observando a pontuação existente, enumerar as folhas, mudando-as com naturalidade, e não se preocupar se as pessoas virem o seu discurso.

Seja qual o método utilizado pelo pregador, o mais importante é que você pregue a Palavra de Deus com amor e dedicação, e se possível leve sempre consigo, se puder, uma cópia de seu esboço para a eventualidade de algum ouvinte solicitar. Já preguei em igrejas e, ao terminar o culto, irmãos me esperaram para solicitar o esboço que foi usado na pregação. Imagine se essa solicitação vier de um ouvinte que ainda não se entregou a Cristo e se interessou pelo que foi pregado; será de grande valia conferir a este uma cópia do seu esboço.

> *"Uma das grandes regras da vida é esta: quando mais você dá, mais recebe."*
> (William Danforth)

22
Bons sermões: como prepará-los?

Já vi muitas pessoas dizerem que não precisam preparar seus sermões porque têm o dom da palavra. Dom é uma coisa, preparo é outra. Há pessoas que têm o dom, mas que ao pregarem uma mensagem ficam confusas e começam a repetir as mesmas palavras durante seu sermão. Por consequência disso não obtêm os resultados esperados porque não se prepararam. Por outro lado, há aqueles que se preparam e se esforçam para fazer um bom sermão, e assim conseguem obter resultados incríveis.

Jonathan Edwards (05/10/1703 – 22/03/1758) foi pregador congregacional, teólogo calvinista e missionário aos índios americanos, e é considerado um dos maiores filósofos norte-americanos. Seu trabalho teológico foi muito abrangente, com sua defesa da teologia reformada, a metafísica do determinismo teológico e a herança puritana. Esse magnífico homem de Deus teve um papel fundamental na formação do primeiro Grande Despertar e supervisionou alguns dos primeiros fogos de avivamento em 1733-1735 na sua igreja em Northampton, Massachusetts. Em um determinado episódio, pregou seu famoso sermão "Pecadores nas mãos de um Deus irado", e levou ao arrependimento cerca de quinhentas pessoas. Ele tinha o dom, mas também o preparo. Em uma de suas mãos, segurava o esboço de seu sermão, enquanto a outra segurava a lamparina. Com seu esforço, conseguiu algo extraordinário para sua época.

Todo pregador que se preze e zele pelo seu chamado, deve ser um pesquisador de informações e estar disposto a ganhar tempo com os estudos; digo ganhar e não perder tempo, pois todo tempo dedicado aos estudos é tempo ganho. Para se preparar bons sermões, todo pregador deve, se possível, adquirir uma ou mais bíblias de estudo, um dicionário bíblico, um de concordância e bons livros sobre assuntos variados. Toda fonte plausível é passível de estudos, mas o foco principal deverá ser a Bíblia. Também deve-se estudar os comentários bíblicos, pois estes são importante fonte de conhecimento.

Ao preparar seu sermão, o pregador deve primar por uma linguagem simples, de fácil compreensão, para que todos aprendam o que foi falado. Após o preparo do sermão, certifique-se de que ele está pronto fazendo uma análise cuidadosa do texto. Isso fará com que você não cometa erros como os de citações, por exemplo.

É de muita importância que o pregador prepare bem seu sermão, mas como disse Lutero: "Sermão sem unção, endurece o coração". O fator mais importante no preparo do sermão é sem sombra de dúvidas o devido preparo do pregador. Fala-se até sobre técnicas, modelos, postura e demais assuntos relacionados à pregação e ao pregador. Todo conhecimento jamais poderá substituir um pregador que tenha compromisso, humildade, respeito para com aqueles que o ouvem e, principalmente, uma vida consagrada a Deus. Só quem está em comunhão com Deus pode influenciar e inspirar os ouvintes e fazê-los crescer espiritualmente. Ainda deve o pregador ser uma pessoa que se dedica à oração, pois esta é a peça-chave para se tornar um bom pregador. Bom pregador não é aquele que sabe preparar e pregar bons sermões e sim aquele que ouve a voz do seu Senhor e diz o que Ele quer. Muitos pregadores preparam seu esboço e quando chegam à igreja todo o culto foi direcionado para um tema oposto ao que ele preparou; Deus até falou com ele para mudar a mensagem, mas ele, por ter preparado aquela, prega-a não conseguindo resultado algum.

Se você é pregador escute a voz do Senhor. O sermão deve ser resultado da ação de Deus na mente do pregador em resposta às suas orações e sua comunhão. Por fim, ore a Deus pedindo entendimento para ministrar o texto escolhido, e para que a mensagem possa ser transmitida de tal forma que as necessidades dos ouvintes sejam supridas.

"A adversidade desperta em nós capacidade que, em circunstâncias favoráveis, teriam ficado adormecidas."

(Horácio)

23
A estrutura do sermão

É importante que a estrutura do sermão seja composta de um esboço. O esboço é o que muita gente chama de "esqueleto" da mensagem. Este pode ser pequeno, como um pedaço de papel com números e frases para servir de roteiro ao pregador. Um determinado tópico da pregação pode ser representado por uma única palavra. Não se sinta intimidado ou constrangido por outras pessoas verem o seu esboço. Mostrar o esboço não significa que o pregador não sabe o que vai falar e sim, ao contrário, que ele teve um preparo anterior na construção da sua mensagem. Nele, você pode colocar o que for suficiente para que você se lembre do conteúdo da mensagem, como letras, números, palavras e frases. Se uma palavra ou uma frase não forem suficientes para que se lembre, pode acrescentar mais palavras, só tenha cuidado, pois o excesso de palavras no esboço pode gerar confusão na explanação. Então, o que era para ajudar acaba por atrapalhar. Outra vantagem em se fazer um esboço é que na sua construção o pregador acaba por memorizá-lo, facilitando posteriormente sua exposição. Depois de ter em mente uma mensagem para esboçá-la, o pregador deverá agora construir passo a passo seu sermão.

Muitos podem pensar: Para que fazer um sermão se eu tenho o dom de pregar? São muitas as respostas para esse questionamento, mas a principal delas, a meu ver, é que se o pregador prepara um sermão, as ideias se tornam claras, promovem a unidade do assunto e facilitam sua exposição do assunto. Imagine que um pregador entra em um ônibus e logo começa a falar no inferno. Que estranho, não? Talvez, as pessoas que ali estão nem sequer ouviram falar do céu, como então entender a realidade do inferno? Só existe inferno porque há um céu, e então nada melhor que apresentar às pessoas o criador dos céus e da terra, Jesus, e depois dar continuidade, se necessário, ao assunto pertinente.

Tudo isso pode acontecer, mas se o pregador esboçar seu sermão, correrá menos riscos, colocando em um pequeno pedaço de papel todo o curso de sua mensagem, o que vai desde a saudação – que é essencial, pois se vai falar a outras pessoas nada melhor que cumprimentá-las primeiro – até a conclusão de sua mensagem.

Só se faz um sermão se houver um propósito, e que propósito é esse? Fazer com que o ouvinte entenda perfeitamente o que você quer lhe dizer. Essa transmissão de ideias poderá vir acompanhada de ilustrações, pois estas tornam a mensagem mais clara e o ouvinte mais suscetível ao sermão.

Concernente às ilustrações, falarei posteriormente.

A estrutura do sermão é simples. Primeiro, o pregador escolhe um tema de acordo com o assunto que será ministrado. Tema é o título da mensagem que será pregada. Fica a critério do pregador escolher se vai dizer ao público ou não qual o tema da sua mensagem. É muito importante o pregador colocar o tema pelo menos no esboço para que tenha sempre uma linha de pensamento e facilitar a preparação do esboço. O pregador consciente é aquele que começa bem o preparo do sermão dando um tema que seja de fácil entendimento. Certa vez um irmão de minha igreja foi convidado para ir a uma determinada campanha, e o pregador, ao dizer o tema, deixou aquele irmão assustado, pois o tema era "O cuspe santo de Jesus", baseado no livro de João no capítulo 9. É hilário um tema como esse, pois pregador que se preza não faz isso. Mas, continuando, não basta escolher um versículo e dizer que vai pregar. Há muitas pessoas confiando no improviso ou na total disposição do Espírito Santo, o que pode acontecer, e o Senhor Jesus Cristo pode usar você, mas que isso não seja constante. Antes, deve ser exceção e não regra. Tome cuidado com isso, pois há pessoas que começam a falar e, por não terem uma linha de pensamento, falam de tudo um pouco e o povo não compreende. Então, pregador, escolha um tema, tenha uma linha de pensamento a seguir e fale o que o Senhor colocar no seu coração.

Em segundo lugar, está a escolha do texto. Toda pregação precisa ter um texto base fundamentado na Bíblia que vai concordar com a mensagem. Jamais use como tema de uma mensagem texto algum que não seja da Bíblia Sagrada. É comum que o texto escolhido seja um texto pequeno para que não canse os ouvintes. Imagine um pregador que em um dia de verão com alta temperatura vai pregar em uma igreja que não dispõe de condicionador de ar e na leitura ele escolhe um texto com trinta versículos. No auditório, existem pessoas idosas, gestantes, crianças e até deficientes. Não é plausível que os ouvintes fiquem em pé, (como é costume) por demasiado tempo para que se leia o texto, tempo que pode ser reduzido com a leitura do texto e ganho com a explanação da mensagem.

Depois da menção do tema e da leitura do texto, o pregador irá fazer a introdução, e esta é o início da pregação. Não existe regra para se iniciar uma pregação, pois essa parte é livre, mas apesar de se ter muitas opções, o pregador deve logo na introdução cativar a atenção dos auditórios, porque se o pregador não conseguir prender a atenção logo na introdução ficará mais difícil no decorrer da pregação. Pode-se começar com perguntas ou até mesmo com um louvor, desde que esteja em conexão com o tema.

Por conseguinte, vêm os tópicos que muitos também chamam de pontos. Há pregadores que preferem dizer "O próximo ponto de minha mensagem é...", o que fica a critério do pregador. Os tópicos ou pontos são complementos na estrutura do sermão. Tem de se ter a devida atenção quanto ao número de tópicos no sermão: estes não devem ultrapassar o número de três para não haver enfado na mensagem. Imagine que um pregador, depois de iniciar sua mensagem e falar cerca de meia hora, diga: "Irmãos, vou passar agora ao segundo tópico da mensagem, mas fiquem tranquilos porque só faltam mais oito". Ele já havia pregado meia hora! Qual será a receptividade dos ouvintes a esse pregador a partir daí?

É aconselhável um número pequeno de tópicos para que o povo tenha facilidade de acompanhar o raciocínio do pregador, sem se desinteressar pelo assunto. Os tópicos devem ser cuidadosamente selecionados de maneira que o pregador leve os ouvintes a compreender naturalmente o assunto até o fim da mensagem.

Em seguida, vêm as ilustrações, que serão tratadas no próximo capítulo.

Por fim, a conclusão, ou o fechamento da pregação. Essa parte é uma das mais importantes do sermão, pois é o momento de refletir sobre o que foi dito e fazer um convite ao ouvinte para aceitar a mensagem. Na conclusão do sermão, existem quatro pontos que o pregador deve seguir. Primeiro, está a recapitulação que vem ressaltar as ideias principais transmitidas em todo corpo do sermão. Em segundo, está a ilustração, pois se for apropriada haverá maiores possibilidades de alcançar o coração do ouvinte. Em seguida, está o apelo, o convite para que o ouvinte mude de situação. E por último, a motivação ao ouvinte e convidá-lo a fazer uma reflexão daquilo que foi dito.

Você já se perguntou sobre o que o povo pensa quando você está pregando? Será que sua pregação motiva as pessoas? Você as convenceu com seus argumentos? Elas foram beneficiadas? Com certeza muitos são os pensamentos que passam nas mentes dos ouvintes, por isso o pregador deve prender a atenção deles desde o primeiro instante. Só se consegue prender a atenção se a pregação tiver um objetivo. Muitas pessoas começam a falar sem objetivo algum e começam a não falar coisa com coisa. Qual deve ser seu objetivo ao pregar? Convencer e persuadir as pessoas, provar que a mensagem está baseada na Bíblia e, por fim, ser compreendido. É preciso ser entendido pelo público. Já notou quanta gente na hora da pregação não presta atenção na mensagem? Muitas delas estão desmotivadas, por que será? Porque o pregador não lhes suscita interesse. Se a pregação não envolve o auditório, o pregador não colherá resultados de seus esforços. Como envolver o auditório, então? Use as palavras certas, nunca fale "você", use sempre "nós". Faça perguntas. Faça ilustrações pertinentes ao texto ou tema, não se esquecendo de que as melhores ilustrações são adquiridas por meio da leitura, na observação cotidiana e nas circunstâncias variadas que a vida oferece. Faça isso sempre com naturalidade. Se o pregador for natural na sua apresentação, ele será facilmente aceito pelo público e com isso fará com que sua mensagem seja transmitida com credibilidade às pessoas.

"Sermão sem unção endurece o coração."
Martinho Lutero

24
As ilustrações

A palavra "ilustrar" vem do latim *ilustrare*, e significa "lançar luz ou brilho, ou tornar algo entendível". As ilustrações ajudam as pessoas a entenderem o que está querendo ser transmitido por meio da pregação. Muitas vezes o pregador está falando para um público no qual há pessoas que nem sequer conhecem uma história da Bíblia ou não estão por dentro do assunto que está sendo ministrado. É aí que entra o uso das ilustrações, para fazer que, com uma simples história (ilustração), o ouvinte entenda a mensagem. Ilustrações nada mais são do que histórias sintetizadas para melhor entendimento de um texto.

Muitos homens da Bíblia fizeram uso desse recurso para que seus ouvintes entendessem o que estava sendo dito. O profeta Natã, quando quis que Davi reconhecesse seu erro, usou a ilustração de um homem pobre que só tinha uma cordeirinha e que lhe foi tirada para fazer com que o rei Davi reconhecesse seu pecado: "E O Senhor enviou Natã a Davi; e, apresentando-se ele a Davi, disse-lhe: Havia numa cidade dois homens, um rico e outro pobre. O rico possuía muitíssimas ovelhas e vacas. Mas o pobre não tinha coisa nenhuma, senão uma pequena cordeira que comprara e criara; e ela tinha crescido com ele e com seus filhos; do seu bocado comia, e do seu copo bebia, e dormia em seu regaço, e a tinha como filha. E, vindo um viajante ao homem rico, deixou este de tomar das suas ovelhas e das suas vacas para assar para o viajante que viera a ele; e tomou a cordeira do homem pobre, e a preparou para o homem que viera a ele. Então o furor de Davi se acendeu em grande maneira contra aquele homem, e disse a Natã: Vive o Senhor, que digno de morte é o homem que fez isso. E pela cordeira tornará a dar o quadruplicado, porque fez tal coisa, e porque não se compadeceu. Então disse Natã a Davi: Tu és este homem. Assim diz o Senhor Deus de Israel: Eu te ungi rei sobre Israel, e eu te livrei das mãos de Saul. E te dei a casa de teu senhor, e as mulheres de teu senhor em teu seio, e também te dei a casa de Israel e de Judá, e, se isto é pouco, mais te acrescentaria tais e tais coisas. Porque, pois, desprezaste a Palavra do Senhor, fazendo o mal diante de seus olhos? A Urias, o heteu, feriste à espada, e a sua mulher tomaste por tua mulher; e a ele mataste com a espada dos filhos de Amom. Agora, pois, não se apartará a espada jamais da tua casa, porquanto me desprezaste, e tomaste a mulher de Urias, o heteu, para ser tua mulher. Assim diz o Senhor: Eis que suscitarei da tua própria casa o mal sobre ti, e tomarei tuas mulheres perante os teus olhos, e as darei a teu próximo, o qual se deitará com tuas mulheres perante este sol" (II Sm 12.1-11).

O profeta Ezequiel fez tanto uso de ilustrações que chegou a reclamar com o Senhor: "Então disse eu: Ah! Senhor Deus! Eles dizem de mim: Não é este um proferidor de parábolas?" (20.49).

Isaías, enquanto pregava durante certa época de seu ministério, andou descalço e despido como sinal de como o povo de Deus seria levado preso pelos assírios, egípcios e etíopes: "No ano em que Tartã, enviado por Sargom, rei da Assíria, veio a Asdode, e guerreou contra ela, e a tomou. Nesse mesmo tempo falou o Senhor por intermédio de Isaías, filho de Amós, dizendo: Vai, solta o cilício de teus lombos, e descalça os sapatos dos teus pés. E ele assim o fez, indo nu e descalço. Então disse o Senhor: Assim como o meu servo Isaías andou três anos nu e descalço, por sinal e prodígio sobre o Egito e sobre a Etiópia. Assim o rei da Assíria levará em cativeiro os presos do Egito, e os exilados da Etiópia, tanto moços como velhos, nus e descalços, e com as nádegas descobertas, para vergonha do Egito. E assombrar-se-ão, e envergonhar-se-ão, por causa dos etíopes, sua esperança, como também dos egípcios, sua glória. Então os moradores desta ilha dirão naquele dia: Vede que tal é a nossa esperança, à qual fugimos por socorro, para nos livrarmos da face do rei da Assíria! Como pois escaparemos nós?" (Isaías 20.1-6).

O profeta Jeremias usou muitos sermões visuais, como a parábola do cinto de linho: "Assim me disse o Senhor: Vai, e compra um cinto de linho e põe-no sobre os teus lombos, mas não o coloques na água. E comprei o cinto, conforme a Palavra do Senhor, e o pus sobre os meus lombos. Então me veio a Palavra do Senhor pela segunda vez, dizendo: Toma o cinto que compraste, e que trazes sobre os teus lombos, e levanta-te; vai ao Eufrates, e esconde-o ali na fenda de uma rocha. E fui, e escondi-o junto ao Eufrates, como o Senhor me havia ordenado. Sucedeu, ao final de muitos dias, que me disse o Senhor: Levanta-te, vai ao Eufrates, e toma dali o cinto que te ordenei que o escondesses ali. E fui ao Eufrates, e cavei, e tomei o cinto do lugar onde o havia escondido; e eis que o cinto tinha apodrecido, e para nada prestava. Então veio a mim a Palavra do Senhor, dizendo: Assim diz o Senhor: Do mesmo modo farei apodrecer a soberba de Judá, e a muita soberba de Jerusalém. Este povo maligno, que recusa ouvir as minhas palavras, que caminha segundo a dureza do seu coração, e anda após deuses alheios, para servi-los, e inclinar-se diante deles, será tal como este cinto, que para nada presta. Porque, como o cinto está pegado aos lombos do homem, assim eu liguei a mim toda a casa de Israel, e toda a casa de Judá, diz o Senhor, para me serem por povo, e por nome, e por louvor, e por glória; mas não deram ouvidos" (13.1-11); a parábola do jarro quebrado: "Portanto, dize-lhes esta palavra: Assim diz o Senhor Deus de Israel: Todo o odre se encherá de vinho; e dir-te-ão: Porventura não sabemos nós muito bem que todo o odre se encherá de vinho? Mas tu dize-lhes: Assim diz o Senhor: Eis que eu encherei de embriaguez a todos os habitantes desta terra, e aos reis da estirpe de Davi, que estão assentados sobre o seu trono, e aos sacerdotes, e aos profetas, e a todos os habitantes de Jerusalém" (13.12-14); a parábola do vaso do oleiro: "A Palavra do Senhor, que veio a Jeremias, dizendo: Levanta-te, e desce à casa do oleiro, e lá te farei ouvir as minhas palavras. E desci à casa do oleiro, e eis que ele estava fazendo a sua obra sobre as rodas. Como o vaso, que ele fazia de barro, quebrou-se na mão do oleiro, tornou a fazer dele outro vaso, conforme o que pareceu bem aos olhos do oleiro fazer. Então veio a mim a Palavra do Senhor, dizendo: Não poderei eu fazer de vós como fez este oleiro, ó casa de Israel? Diz o Senhor. Eis que, como o barro na mão do oleiro, assim sois vós na minha mão, ó casa de Israel. No momento em que falar contra uma nação, e contra um reino para arrancar, e para derrubar, e para destruir. Se a tal nação, porém, contra a qual falar se converter da sua maldade, também eu me arrependerei do mal que pensava fazer-lhe. No momento em que falar de uma nação e de um reino, para edificar e para plantar. Se fizer o mal diante dos meus olhos, não dando ouvidos à minha voz, então me arrependerei do bem que tinha falado que lhe faria. Ora, pois, fala agora aos homens de Judá, e aos moradores de Jerusalém, dizendo: Assim diz o Senhor: Eis que estou forjando mal contra vós; e projeto um plano contra vós; convertei-vos, pois, agora cada um do seu mau caminho, e melhorai os vossos caminhos e as vossas ações. Mas eles dizem: Não há esperança, porque andaremos segundo as nossas imaginações; e cada um fará segundo o propósito do seu mau coração. Portanto, assim diz o Senhor: Perguntai agora entre os gentios quem ouviu tal coisa? Coisa mui horrenda fez a virgem de Israel. Porventura a neve do Líbano deixará a rocha do campo ou esgotar-se-ão as águas frias que correm de terras estranhas? Contudo o meu povo se tem esquecido de mim, queimando incenso à vaidade, que os fez tropeçar nos seus caminhos, e nas veredas antigas, para que andassem por veredas afastadas, não aplainadas; Para fazerem da sua terra objeto de espanto e de perpétuos assobios; todo aquele que passar por ela se espantará, e meneará a sua cabeça. Com vento oriental os espalharei diante do inimigo; mostrar-lhes-ei as costas e não o rosto, no dia da sua perdição" (18.1-17); a parábola da botija quebrada: "Assim disse o Senhor: Vai, e compra uma botija de oleiro, e leva contigo alguns dos anciãos do povo e alguns dos anciãos dos sacerdotes. E sai ao Vale do Filho de Hinom, que está à entrada da porta do sol, e apregoa ali as palavras que eu te disser. E dirás: Ouvi a Palavra do Senhor, ó reis de Judá, e moradores de Jerusalém. Assim diz o Senhor dos Exércitos, o Deus de Israel: Eis que trarei um mal sobre este lugar, e quem quer que dele ouvir retinir-lhe-ão os ouvidos. Porquanto me deixaram e alienaram este lugar, e nele queimaram incenso a outros deuses, que nunca conheceram, nem eles nem seus pais, nem os reis de Judá; e encheram este lugar de sangue de inocentes. Porque edificaram os altos de Baal, para queimarem seus filhos no fogo em holocaustos a Baal; o que nunca lhes ordenei, nem falei, nem me veio ao pensamento. Por isso eis que dias vêm, diz o Senhor, em que este lugar não se chamará mais Tofete, nem o Vale do Filho de Hinom, mas o Vale da Matança. Porque dissiparei o conselho de Judá e de Jerusalém neste lugar, e os farei cair à espada diante de seus inimigos, e pela mão dos que buscam a vida deles; e darei os seus cadáveres para pasto às aves dos céus e aos animais da terra. E farei esta cidade objeto de espanto e de assobio; todo aquele que passar por ela se espantará, e assobiará por causa de todas as suas pragas. E lhes farei comer a carne de seus filhos e a carne de suas filhas, e comerá cada um a carne do seu amigo, no cerco e no aperto em que os apertarão os seus inimigos, e os que buscam a vida deles. Então quebrarás a botija à vista dos homens que forem contigo. E dir-lhes-ás: Assim diz o Senhor dos Exércitos: Deste modo quebrarei eu a este povo, e a esta cidade, como se quebra o vaso do oleiro, que não pode mais refazer-se, e os enterrarão em Tofete, porque não haverá mais lugar para os enterrar. Assim farei a este lugar, diz o Senhor, e aos seus moradores; sim, para pôr a esta cidade como a Tofete. E as casas de Jerusalém, e as casas dos reis de Judá, serão imundas como o lugar de Tofete, como também todas as casas, sobre cujos terraços queimaram incenso a todo o exército dos céus, e ofereceram libações a deuses estranhos. Vindo, pois, Jeremias de Tofete onde o tinha enviado o Senhor a profetizar, se pôs em pé no átrio da casa do Senhor, e disse a todo o povo: Assim diz o Senhor dos Exércitos, o Deus de Israel: Eis que trarei sobre esta cidade, e sobre todas as suas vilas, todo o mal que pronunciei contra ela, porquanto endureceram a sua cerviz, para não ouvirem as minhas palavras (19.1-15); além da compra de um terreno, que simbolizava a esperança na restauração de Israel depois do exílio: "A Palavra que veio a Jeremias da parte do Senhor, no ano décimo de Zedequias, rei de Judá, o qual foi o décimo oitavo de Nabucodonosor. Ora, nesse tempo o exército do rei de Babilônia cercava Jerusalém; e Jeremias, o profeta, estava encerrado no pátio da guarda que estava na casa do rei de Judá; Porque Zedequias, rei de Judá, o tinha encerrado, dizendo: Por que profetizas tu, dizendo: Assim diz o Senhor: Eis que entrego esta cidade na mão do rei de Babilônia, e ele a tomará; E Zedequias, rei de Judá, não escapará das mãos dos caldeus; mas certamente será entregue na mão do rei de Babilônia, e com ele falará boca a boca, e os seus olhos verão os dele; E ele levará Zedequias para Babilônia, e ali estará, até que eu o visite, diz o Senhor e, ainda que pelejeis contra os caldeus, não ganhareis? Disse, pois, Jeremias: Veio a mim a Palavra do Senhor, dizendo: Eis que Hanameel, filho de Salum, teu tio, virá a ti dizendo: Compra para ti a minha herdade que está em Anatote, pois tens o direito de resgate para comprá-la. Veio, pois, a mim Hanameel, filho de meu tio, segundo a Palavra do Senhor, ao pátio da guarda, e me disse: Compra agora a minha herdade que está em Anatote, na terra de Benjamim; porque teu é o direito de herança, e tens o resgate; compra-a para ti. Então entendi que isto era a Palavra do Senhor. Comprei, pois, a herdade de Hanameel, filho de meu tio, a qual está em Anatote; e pesei-lhe o dinheiro, dezessete siclos de prata. E assinei a escritura, e selei-a, e fiz confirmar por testemunhas; e pesei-lhe o dinheiro numa balança. E tomei a escritura da compra, selada segundo a lei e os estatutos, e a cópia aberta. E dei a escritura da compra a Baruque, filho de Nerias, filho de Maaseias, na presença de Hanameel, filho de meu tio e na presença das testemunhas, que subscreveram a escritura da compra, e na presença de todos os judeus que se assentavam no pátio da guarda. E dei ordem a Baruque, na presença deles, dizendo: Assim diz o Senhor dos Exércitos, o Deus de Israel: Toma estas escrituras, este auto de compra, tanto a selada, como a aberta, e coloca-as num vaso de barro, para que se possam conservar muitos dias. Porque assim diz o Senhor dos Exércitos, o Deus de Israel: Ainda se comprarão casas, e campos, e vinhas nesta terra. E depois que dei a escritura da compra a Baruque, filho de Nerias, orei ao Senhor, dizendo: Ah Senhor Deus! Eis que tu fizeste os céus e a terra com o teu grande poder, e com o teu braço estendido; nada há que te seja demasiado difícil; Tu que usas de benignidade com milhares, e retribuis a maldade dos pais ao seio dos filhos depois deles; Tu és o grande, o poderoso Deus cujo nome é o Senhor dos Exércitos; grande em conselho, e magnífico em obras; porque os teus olhos estão abertos sobre todos os caminhos dos filhos dos homens, para dar a cada um segundo os seus caminhos e segundo o fruto das suas obras;

Tu puseste sinais e maravilhas na terra do Egito até ao dia de hoje, tanto em Israel, como entre os outros homens, e te fizeste um nome, o qual tu tens neste dia. E tiraste o teu povo Israel da terra do Egito, com sinais e com maravilhas, e com mão forte, e com braço estendido, e com grande espanto, e lhes deste esta terra, que juraste a seus pais que lhes havias de dar, terra que mana leite e mel. E entraram nela, e a possuíram, mas não obedeceram à tua voz, nem andaram na tua lei; tudo o que lhes mandaste que fizessem, eles não o fizeram; por isso ordenaste lhes sucedesse todo este mal. Eis aqui os valados; já vieram contra a cidade para tomá-la, e a cidade está entregue na mão dos caldeus, que pelejam contra ela, pela espada, pela fome e pela pestilência; e o que disseste se cumpriu, e eis aqui o estás presenciando. Contudo tu me disseste, ó Senhor Deus: Compra para ti o campo por dinheiro, e faze que o confirmem testemunhas, embora a cidade já esteja entregue na mão dos caldeus" (32.1-25).

Nosso Senhor Jesus Cristo também usou diversas vezes ilustrações para que o povo entendesse sua mensagem. Só no livro de Lucas as parábolas representam 52% do conteúdo do livro. Muitos outros usaram esse recurso para facilitar o entendimento dos ouvintes.

Toda ilustração tem um propósito, e este é o cerne da mensagem que está sendo transmitida. Dentre os muitos propósitos, está despertar o interesse e fazer com que a atenção se prenda naquilo que está sendo explicado. Elas também fortalecem as ideias e os argumentos apresentados.

Ajudam os ouvintes a memorizarem as ideias do sermão. Dão mais vida ao sermão. Imagine uma árvore de natal sem aquelas bolinhas coloridas; ela não deixa de ser árvore, mas perde um pouco do sentido. Assim é o sermão sem uma ilustração: ele não deixa de ser sermão, só perde um pouco de sua compreensão, ou seja, pode ser mais difícil de ser entendido.

Veja como uma ilustração pode ajudar o pregador em sua mensagem. Suponha que no seu esboço você irá falar sobre sabedoria. Conta-se que, certa vez, um sábio, que atravessava um rio de barco, perguntou ao barqueiro: "Diga-me uma coisa, você conhece botânica?" O barqueiro olhou surpreso para o sábio e respondeu: "Não, senhor, não sei o que é isso". E o sábio continuou: "Você não sabe botânica, a ciência que estuda as plantas? Que pena. Você perdeu parte da sua vida".

O barqueiro continuava remando rio adentro, e, em seguida o sábio perguntou se ele conhecia um pouco de astronomia. O pobre barqueiro coçou a cabeça e disse: "Não senhor; não sei o que é Astronomia"."Astronomia é a ciência que estuda os astros, o espaço, as estrelas", explicou o grande sábio. "Que pena! Você perdeu parte de sua vida sem saber o que é Astronomia". E o sábio foi perguntando a respeito de cada ciência: física, química, teologia, filosofia. De nada o barqueiro sabia. E o sábio sempre terminava o seu refrão. "Que pena! Você perdeu parte de sua vida".

De repente, o barco bateu contra uma pedra, partiu-se e começou a afundar; e o barqueiro perguntou ao sábio: "O senhor sabe nadar?" "Não, não sei" respondeu o sábio. "Que pena! o senhor perdeu toda a sua vida".

Existem muitas pessoas preparadas por cursos acadêmicos, conquistaram grandes títulos, falam diversos idiomas, são eruditos de nossa época, mas sem conhecerem o Senhor Jesus, nada os salvará na hora da morte.

Diante dessa ilustração, o pregador pode fazer alusão à verdadeira sabedoria, que é ter conhecimento de Cristo. Ter cultura é muito bom, mas na hora da morte ser sábio é ter escolhido o caminho certo.

Vimos que as ilustrações ajudam e facilitam a vida do pregador, mas existem algumas advertências quanto ao seu uso. Não é porque são facilitadoras no entendimento do sermão que se vai fazer de qualquer jeito.

As ilustrações devem ser usadas quando o pregador achar conveniente, ou seja, ele poderá ou não usar, isso dependerá da ocasião. O melhor momento para se usar ilustrações é aquele em que o público tem dificuldade no entendimento da mensagem; por exemplo, não é preciso usar uma ilustração pra retratar coisas que são óbvias. Também é pouco esclarecedor utilizar ilustrações que não têm conexão com o assunto em voga; por exemplo, se o tema é cura, não se vai fazer uma ilustração sobre dízimo. É preciso evitar ilustrações exageradas ou que contenham conteúdo pejorativo. As ilustrações são para complementar a mensagem e não para ser o foco principal. Nunca pregue baseado numa ilustração. Ao ilustrar não fuja do tema proposto e não use uma ilustração se você não sabe qual o seu significado.

Em uma palestra, vi alguém definir as ilustrações como sendo as "janelas" do sermão. Muitas vezes, o texto lido e a explicação dada não são suficientes para que se seja entendido, por isso, se o pregador quiser poderá fazer uso das ilustrações para complementar sua mensagem. Há que se ter cuidado com o tipo de ilustração a ser usada, pois nem toda história pode ser considerada uma ilustração. Nomeadamente é importante que se diga ao público que você vai fazer uso de uma ilustração como "Irmãos, lembro-me de uma ilustração que li há algum tempo..." As ilustrações são muito importantes, porque despertam o interesse dos ouvintes. Em nossas igrejas, o número de pessoas que vai aos cultos e no dia seguinte nem sequer lembra o texto que foi lido pelo pregador é impressionante. Quando se faz uso de uma ilustração o ouvinte pode não se lembrar do texto, mas com certeza se lembrarão da história contada em forma de ilustração; isso, sim, muita gente lembra. Quantas vezes nas reuniões de estudos bíblicos e escola bíblica dominical, quando as pessoas fazem um comentário, elas se lembram de uma ilustração pregada por mim ou por outro pregador. Há que se ter certa precaução quanto ao número de ilustrações feitas em uma mensagem, pois, se forem usadas em excesso, isso contribuirá para perda do foco principal, que é a Palavra do Senhor.

"Eu mantenho o telefone da minha mente aberto para a paz, harmonia, saúde, amor e abundância. Porém, todas as vezes que a dúvida, ansiedade ou medo tentam me ligar, eles só encontram o telefone ocupado e logo se esquecem do meu número."

(Edith Armstrong)

25
O pregador e o seu temperamento

Todo ser humano tem uma personalidade distinta, e isso, faz com que cada um seja diferente do outro. Faz parte da personalidade o nosso temperamento, e este deve ser objeto de atenção quando se fala sobre pregador e pregação. Não tenho formação específica nessa área, mas gostaria de contribuir com você, amigo leitor, um pouco daquilo que tenho aprendido ao longo do tempo. Todos recebem por herança parte do temperamento de seus pais. Ele é a combinação das características dos genes herdados e que de certa forma afetam o comportamento. Esses comportamentos podem variar conforme as circunstâncias, mas podem ser, de certa forma, controlados. Assim como existem vários tipos de pregadores, vários tipos de estilos, vários tipos de mensagem e vários tipos de sermões, existem também alguns tipos de temperamentos que serão observados e que o ajudarão a compreender melhor a si mesmo.

O primeiro tipo de pregador é o de temperamento sanguíneo. O pregador que apresenta esse tipo de temperamento é sempre comunicativo e tem um vigor expressivo. Aonde chega está sempre bem-humorado e receptivo. Em sua pregação ele transmite a mensagem com autoridade e empolgação conseguindo resultados extraordinários. Quem tem esse tipo de temperamento é sempre contagiante, mas precisa ter atenção a alguns pontos que lhe são inerentes, pois se o pregador não cuidar ele pode lhe causar decepções. Por se empolgar facilmente, ele pode ser volúvel e impulsivo, tomando atitudes com seus sentimentos, e por consequência se distrair com muita facilidade. O pregador com esse tipo de temperamento não deve aceitar convites em que o público lhe irá fazer questionamentos, pois poderão surgir perguntas desconcertantes ou impróprias e ele pode se desnortear, vindo a irritar-se. Esse tipo de pregador tem facilidade para pregar mensagens de improviso.

O segundo tipo de pregador é o de temperamento colérico. O pregador que apresenta esse tipo de temperamento é dado a ajudar os outros e sente-se bem em fazê-lo. Como é uma pessoa de atitude, ele é independente e não gosta de ajuda dos outros, embora goste de ajudar. Por ser independente, esse tipo de pessoa não aceita opinião do outros, o que para muitos pregadores pode ser ruim, pois no início do ministério é conveniente que o pregador obtenha informações de outros mais experientes para que possa trilhar no caminho certo, não cometendo erros que muitos cometeram anteriormente. O pregador com esse temperamento é firme nas suas decisões e estimula sempre os que estão à sua volta, pois é decidido, audacioso e tem senso de liderança. Mas deve-se ter atenção, pois ele tem por hábito ser impaciente, o que no ministério da pregação pode-lhe causar alguns transtornos. Já vi situações nas quais, mesmo sem conhecer o pregador, tive que tomar a devida atenção ao seu temperamento. Já vi pregadores convidados para pregar, mas a igreja estende sua programação e, quando chega a hora da pregação, já passou do horário, e então o pregador toma o microfone para pregar e nas primeiras palavras a dizer ele descarrega sobre o auditório toda sua frustração. Para quem age assim é bom ter o cuidado de chegar cedo e comunicar ao pastor ou ao responsável pelo trabalho que ele tem a devida necessidade de que certo tempo lhe seja dado para dissertar a sua pregação. Caso contrário, criará para si um mundo de dificuldades que tornarão o seu caminho nessa área muito difícil.

O terceiro tipo de pregador é o de temperamento fleumático. Esse é bem diferente dos outros dois mencionados. Quem tem esse tipo de temperamento é tranquilo, não se irrita facilmente, tem equilíbrio e quase nunca faz demonstração de que está nervoso ou alegre. É um tipo de pessoa que mantém suas emoções equilibradas e é coerente com o que faz. O pregador que tem esse tipo de temperamento é um ótimo auxiliador seja na igreja, seja no trabalho, seja em casa. Por ser uma pessoa tranquila e sincera, tem muitos amigos. Seu estilo de pregar é suave, brando e não se importa com movimentos excêntricos ou algo que chame a atenção. Ele é cumpridor do dever e tudo o que faz se esforça para sair em perfeita harmonia. Apesar de ser calmo, ele é um excelente líder, conquistando a amizade de muitos com seu carisma e a devida atenção dos ouvintes na pregação da sua mensagem. Mas, como todo temperamento, há algo que precisa de atenção. O pregador fleumático gosta de provocar os outros, demonstrando seus feitos e diplomas, outros com ironias lançadas em público para atingir alguém que esteja no auditório. Enfim, é uma excelente pessoa com quem podemos lidar.

O quarto tipo de pregador é o de temperamento melancólico. Esse tipo de pregador gosta de ser analítico e observador. É aquele que gosta de fazer tudo com perfeição e de forma harmoniosa. Isso faz com que sua pregação seja repleta de detalhes e informações. É uma pessoa de difícil acesso, pois é bastante desconfiado chegando ao ponto de ser hostil ao sentir-se ameaçado. Esse tipo de pessoa gosta de desafios e não se importa em tê-los, pois os enfrenta. Essas características estavam em grandes homens da Bíblia, como Salomão, Moisés, Elias, o apóstolo João, dentre outros.

O quinto tipo de pregador é o de temperamento impetuoso. Que temperamento é esse? É aquele que se caracteriza pelo zelo ardente naquilo que faz. É uma pessoa que dispensa formalidades e é ótimo improvisador. Sua atuação na igreja é contagiante fazendo com que tenha a atenção de grande parte das pessoas. Outras características desse pregador são sua espontaneidade e seu espírito renovador, o que faz com que ele seja uma pessoa aberta à comunicação.

O sexto tipo de pregador é o de temperamento sereno. Esse pregador tem a sua vida marcada pelo amor e dedicação às causas que ele advoga. É um tipo de pessoa que gosta de formalidades e faz com que tudo seja planejado com antecedência, e com isso evita situações nas quais tenha que atuar de improviso, ao contrário dos mencionados anteriormente. Esse é mais conservador e analítico, e grande parte dos mais idosos da sua comunidade tem apreço por ele.

O sétimo tipo de pregador é o de temperamento altivo. Esse é aquele que leva tudo em extrema seriedade e confiança. Tem por hábito ser arrogante e formalista, gostando que as coisas estejam em plena formalidade, não comportando erros. Sua postura é a mais conservadora e tradicionalista, não aceitando por vezes as mudanças propostas pela modernidade, mas é uma pessoa que pode ser um excelente amigo.

Por fim, o último tipo de pregador é o de temperamento humorístico. Há muitos pregadores na atualidade com esse temperamento. Não é difícil vê-los nos programas de rádio ou televisão e as pessoas se descontraindo com esse pregador. Esse é do tipo alegre, gosta que sua pregação seja descontraída e faz o auditório se sentir feliz e alegre. É muito comum esse tipo usar ilustrações em sua pregação com uma experiência para contar. Por ser divertido, tem resistência dos mais conservadores e desagrada a muitos, mas apresenta muitas virtudes.

Até aqui, foram tratados os vários tipos de pregadores, e ao ler sobre eles você se lembrou de algum parente ou conhecido que se encaixa em algum deles. Mas o que muita gente não sabe é que há o que melhorar no temperamento em alguns aspectos, bastando reconhecer em quais áreas é preciso de ajuda.

Antes de enquadrar esta ou aquela pessoa nesse ou naquele temperamento, primeiramente é preciso um olhar introspectivo. Esses temperamentos foram aqui expostos a título de ajuda para melhorar a cada dia a apresentação e a pregação, para que se conheça primeiro a si mesmo, e depois usar essas ou outras avaliações para com temperamentos alheios.

"A vida é mais simples do que a gente pensa; basta aceitar o impossível, dispensar o indispensável e suportar o intolerável."

(Kathleen Nobres)

26
Código de ética do pregador

Visando à grandeza e à unidade do Sagrado Ministério da Pregação, sugere-se o presente Código de Ética que deverá ser observado pelos pregadores com superioridade, humildade e amor cristão. Sei que não somos perfeitos; pelo contrário, há falhas, mas há que se fazer o máximo para andar acertadamente. Ivan Teorilang diz: "Se hoje erramos, amanhã já podemos contar com mais esta experiência, e certamente já seremos mais sábios que ontem." Não quero aqui estabelecer um modelo, longe de mim tal pretensão, mas que esse código sirva de ajuda aos companheiros de ministério, aqueles que fazem uso da pregação, a ter mais credibilidade em seu ministério fazendo da sua conduta algo desejável e de sua vida um espelho que reflita a glória de Nosso Senhor e Salvador Jesus Cristo.

Eu pregador:

1) Cultivarei minha vida devocional, lendo e estudando a Bíblia, meditando e orando diariamente para que possa transmitir fielmente a Palavra de Deus como ela é sem enxertos filosóficos e conceitos prontos.

2) Envidarei todos os meus esforços para conservar-me física e emocionalmente em condições para a Obra que me foi confiada e observarei criteriosamente o meu ministério como pregador do evangelho fazendo dele algo de que possa me orgulhar sempre.

3) Serei justo e amável para com minha família fazendo o possível para lhe dar o tempo e a consideração que ela tem direito, inclusive dando-lhe, pelo menos, um dia por semana de atenção especial, recreativa, social e familiar.

4) Farei o possível para viver dentro dos limites dos meus honorários, sendo pontual no pagamento de meus compromissos, honrando a Deus com minha vida financeira, nunca fazendo, do ministério da pregação, comércio.

5) Lutarei para progredir intelectual e espiritualmente por meio de leituras e estudos cuidadosos e sistemáticos da sagrada teologia e de conhecimentos gerais.

6) Serei honesto em qualquer transação financeira, e não permitirei que o fator financeiro seja decisivo na aceitação de um compromisso.

7) Não plagiarei, nem imitarei nenhum outro pregador, antes reconhecerei que são homens usados por Deus e que posso ser usado da mesma forma.

8) Procurarei, nas minhas visitas às igrejas por onde passar, portar-me com discrição, absoluto respeito e dignidade cristã.

9) Nas leituras, darei prioridade à leitura sadia e evitarei a que for nociva, jamais usarei o púlpito da igreja para descarregar sobre os ouvintes minhas frustrações e insatisfações.

10) Não forçarei a minha entrada em qualquer ministério, sob pretexto algum.

11) Não vacilarei na fé por causa do mau comportamento de crentes, particularmente de líderes. Minha confiança está posta no criador dos céus e da terra, meu Supremo Exemplo.

12) Serei em tudo exemplo nas minhas conversas, negócios e atitudes.

13) Usarei conscientemente o tempo no meu ministério, não extrapolarei o tempo concedido a mim em uma oportunidade para pregar, e se o fizer, farei com o consentimento da autoridade presente.

14) Lutarei com todas as minhas forças para pregar a sã doutrina e cuidarei para que essa não seja violada.

15) Baseado sempre na Bíblia, pregarei sempre verdades vividas por mim e as minhas convicções, jamais as minhas dúvidas.

16) Sempre que fizer uso de uma palavra exortativa, o farei com amor e diplomacia.

17) Com profundo zelo pelo ministério a que pertenço, procurarei proteger a minha Igreja. Não obstante, o quanto for possível, manterei boas relações com pessoas de outros ministérios.

18) Cultivarei a cortesia e o amor cristão no lar, na Igreja e na Sociedade, jamais me deixando influenciar por preconceitos.

19) Procurarei como pregador nunca agir como ditador, que em tudo faça prevalecer a sua vontade. Respeitarei sempre o consenso da maioria, e ouvirei com temor os conselhos a mim dados.

20) Não serei intransigente em meus pontos de vista, a não ser que esteja em jogo alguma questão de ética e de doutrina à luz da nossa confissão de fé e das Escrituras Neotestamentárias.

21) Como pregador escolhido por Deus, farei o possível para que as pessoas se sintam bem onde quer que eu esteja.

22) Sob circunstância alguma violarei segredos ministeriais que me forem confiados.

23) Jamais me envolverei com questões alheias ao meu ministério, salvo se for convidado. Serei sempre imparcial nas minhas decisões.

24) Não deixarei meu ministério para pregar em hipótese alguma sem prévio conhecimento da igreja, pois esta deverá sempre estar orando por mim.

25) Procurarei não me ausentar do campo da igreja, sem dar a devida ciência aos meus superiores.

26) Toda mensagem que eu pregar será o resultado máximo de meus esforços.

27) Não censurarei sem amor e sem conhecimento de causa meus colegas de ministério.

28) Se tiver que tecer críticas a algum colega de ministério, que esta seja pessoal e construtiva.

29) Terei sempre atitude nobre e respeitosa para com os meus colegas idosos.

30) Não subestimarei colegas que não tenham feito nenhum curso teológico.

31) Zelarei pelo bom nome dos meus colegas, não permitindo que em qualquer situação ou hipótese ao meu alcance haja comentários desabonadores a respeito destes.

32) Procurarei ficar alheio a questões que surjam noutras igrejas ou ministérios que não sejam de minha competência, não tomando parte direta ou indiretamente nelas, que pode vir a agravá-las.

33) Ao discordar de meus colegas, fá-lo-ei sempre com elegância e amor cristão.

34) Cooperarei com meus colegas na medida do possível, principalmente cumprindo a palavra empenhada.

35) Não aceitarei convite para pregar em outra igreja, a não ser quando este seja formulado por intermédio de seu pastor, ou, na falta deste, pelo seu substituto legal.

36) Aceitando o convite a mim feito, respeitarei a doutrina daquela igreja, não ferindo os seus princípios e ensinamentos. Ao chegar à localidade do convite, procurarei em primeiro lugar o responsável pela igreja.

37) Sempre que chegar a uma igreja, jamais me sentarei no púlpito sem antes ter sido convidado pelo pastor ou por alguém por ele indicado.

38) Não aceitarei convites para realizar casamentos ou dirigir cerimônias de membros de outras igrejas sem aprovação de seu respectivo pastor, a não ser em caso de emergência.

39) Terei a maior prontidão em dar provimento ao pagamento de despesas de qualquer colega por mim convidado ou por minha igreja, para prestar a devida assistência, bem como serei cuidadoso em recompensá-lo generosamente.

40) Abrirei mão de qualquer vantagem financeira que me seja assegurada, toda vez que voluntariamente solicitar a alguém que realize por mim a tarefa que me pertencia, transferindo para este a remuneração prevista.

41) Declaro que me mostrarei pronto a receber conselho, repreensão ou advertência dos meus superiores, toda vez que minha conduta for considerada por eles repreensível.

42) Honrarei ao máximo possível os meus colegas.

43) Não terei inveja do ministério fecundo de meus colegas, antes orarei para que Deus dê bom êxito não só ao meu, como ao trabalho de meus colegas.

44) Procurarei manter fraternal amizade com meus colegas de ministério, cultivando as melhores relações de confiança mútua e absoluta consideração.

45) Farei tudo quanto estiver ao meu alcance para evitar que, quem quer que seja, faça propaganda negativa contra pregadores do evangelho, pela imprensa escrita, falada e

televisionada, procurando destruir aqueles obreiros em benefícios próprios.

46) Quando citar nos meus sermões frases ou ilustrações que não sejam minhas, citarei a origem dessas.

47) Quando for homenageado ou elogiado por alguém, receberei as honras, mas a glória será sempre do Senhor Jesus, pois sem ele nada seria.

48) Respeitarei as diversas denominações reconhecidas, usando de sinceridade e integridade para com elas.

49) Não aceitarei convite para pregar em igrejas cujo pastor não o saiba.

50) Sendo amigo fraternal dos meus colegas, manterei com eles as melhores relações de amizade e a eles darei absoluta consideração.

51) Zelarei pela natureza, pela moral, pela dignidade e pela espiritualidade do Ministério Sagrado da Pregação, tomando para isso as providências que a ética cristã me indicar.

52) Consagrarei minha vida ao ser convidado para pregar.

53) Permanecerei em permanente comunhão com o Senhor pela oração e pelo estudo da Palavra.

54) Serei discreto, não comunicando, nem mesmo à pessoa da família, assuntos confidenciais, cuja divulgação possa prejudicar outras pessoas.

55) Serei compreensivo e humano no trato com os demais pregadores, nunca deixando que a soberba tenha lugar em minha vida.

56) Se casado deverei sempre ter a companhia da esposa por perto, para que não haja especulações e caia no descrédito.

57) Terei boa conduta e serei irrepreensível perante o mundo, e para tanto deverei ser o pregador sincero, honesto,

de boa conduta e de boa moral, além de cumprir com a minha palavra e ser pontual no cumprimento de minhas obrigações.

58) Nunca deverei falar mal de igreja nenhuma, ainda que eu não esteja de acordo com as normas dela.

59) Deverei manter-me dentro das minhas possibilidades econômicas, sem prejudicar quem quer que seja.

60) Deverei ser bom para minha família respeitando-a, amando-a e governado-a bem.

61) Quando me for concedida uma oportunidade jamais rejeitarei.

62) Sempre que me for dada uma oportunidade para uma saudação, esta nunca deve exceder cinco minutos.

63) Sempre que me for dada uma oportunidade para uma palavra, esta nunca deve exceder dez minutos.

64) Sempre que me for dada uma oportunidade para um testemunho, esta nunca deve exceder dez minutos.

65) Ao sentar no púlpito, não ficarei de pernas abertas para a igreja ou assentado na cadeira como se estivesse em casa, lembrando que a igreja é a casa do Senhor e ELE gosta de ordem e decência.

66) Ao ser convidado, não farei outra coisa que não lhe tenha sido autorizado, salvo com a permissão do responsável pelo culto.

67) Ao sentar-me no púpito, deverei evitar a todo custo conversar, mexer no cabelo, mexer no nariz, e ao usar o lenço, deverei me certificar de que está higienizado.

68) Screi fiel a Deus em tudo.

"Um homem pode ter sucesso em quase tudo desde que tenha ilimitado entusiasmo. Mostre-me uma pessoa que tenha consideração pela vida, e eu lhe mostrarei um homem ou uma mulher que tem atitudes positivas e construtivas."

Charles Schwab

27
Palavra final

É quase impossível que uma pessoa conheça Deus sem que haja um testemunho eficaz dele. Todo testemunho acerca de Deus cria no ouvinte fé. Temos de estar cônscios de que, quando uma pessoa ouve falar de Deus por meio do pregador, ele não tem que ouvir só meras palavras ditas a um auditório, ele precisa ouvir palavras transformadoras de vidas. Por isso o pregador deve dar testemunho eficaz da Palavra de Deus e, por conseguinte, ser um espelho aos que ouvem a Santa Palavra de Deus transmitidas por ele. Caso isso não aconteça, a nossa pregação não gerará fé. Como pregador, você é orientador de almas cuja função profética--sacerdotal é desafiar os ouvintes a guardar e a praticar a fé.

Tenho estado preocupado com o que se passa no Brasil no que tange aos pregadores. Nunca se viu tanta falta de ética, tanta busca por promoção social e tanto mercantilismo feito à custa da pregação do Evangelho, mas tenho visto também homens e mulheres abnegados, íntegros, sinceros e corajosos que, em meio a tanta corrupção e facilidades oferecidas para se corromperem, não se curvam a elas, mas defendem com honra o Santo Ministério que lhes fora confiado.

Amigo leitor, não entenda que quero dizer que está tudo errado. Não, não é assim. Quero dizer que sempre haverá pessoas que associam as coisas de Deus às coisas deste vil mundo. Estou certo de que sempre haverá dificuldades a enfrentar e propostas que serão feitas, mas que em nome de Jesus seremos mais do que vencedores.

Jamais se esqueça da real função para que Deus o chamou como pregador. Que função é essa? A de ensinar a Palavra de Deus por meio da pregação. O ensino da Bíblia sempre foi algo apaixonante para aqueles que amam a Palavra de Deus. Ao se ler páginas seletivas da Bíblia, nota-se que os apóstolos separaram pessoas para cuidar das necessidades das viúvas, enquanto eles se dedicariam ao ensino da Palavra de Deus: "Ora, naqueles dias, crescendo o número dos discípulos, houve uma murmuração dos gregos contra os hebreus porque as suas viúvas eram desprezadas no ministério cotidiano. E os doze, convocando a multidão dos discípulos, disseram: Não é razoável que nós deixemos a Palavra de Deus e sirvamos às mesas. Escolhei, pois, irmãos, dentre vós, sete homens de boa reputação, cheios do Espírito Santo e de sabedoria, aos quais constituamos sobre este importante negócio. Mas nós perseveraremos na oração e no ministério da palavra." (At 6.1-4). A função de pregar a Palavra de Deus é inerente ao ensino desta, e todo pregador deverá zelar pelo ensino na sua pregação. Como já foi mencionado, de que adianta as pessoas ouvirem a pregação e saírem do recinto sem aprender nada?

Por fim, amigo leitor e pregador, trago à memória as palavras de Salomão: "Tudo quanto te vier à mão para fazer, faze-o conforme as tuas forças, porque na sepultura, para onde tu vais, não há obra nem projeto, nem conhecimento, nem sabedoria alguma" (Eclesiastes 9.10). Quando for pregar a Palavra do Senhor Nosso Deus, faça-o com o maior cuidado, zelo e dedicação. Jamais pregue por obrigação ou por que lhe foi imposto uma oportunidade. Faça com amor, dedique-se aos estudos e ame os seu ouvintes lembrando sempre que

Deus os ama e pagou um alto preço pelas suas almas. Orlando Boyer faz uma narrativa sobre o incomparável amor de Deus, esse que se deve ter no coração ao pregar. Veja:

Deus, o maior ser.
Amou, o maior sentimento.
O mundo, o maior grupo.
De tal maneira, o maior grau.
Que deu, o maior ato,
O seu filho unigênito, a maior dádiva.
Para que todo aquele, a maior oportunidade.
Que nele, a maior atração.
Crê, a maior simplicidade.
Não pereça, a maior promessa.
Mas, a maior diferença.
Tenha, a maior certeza.
A Vida Eterna, a maior possessão.

Lembro-me de como Jesus amou este mundo, e como nos ensinou a amar uns aos outros. O amor de Deus é maravilhoso e está sempre à disposição, por isso é preciso sempre também demonstrar este mesmo amor para com os outros.

Certo escritor disse: "Quando o amor entra no seu sistema, inevitavelmente seu semblante o reflete".

Pregue a Palavra de Deus com amor sempre e fazendo o melhor que esteja ao seu alcance.

Gostaria de encerrar dizendo que se deve dar o melhor e oferecer o melhor como pregador.

Vou compartilhar uma história muito interessante sobre dar o melhor.

Conta-se que um missionário estava à beira de um grande rio, e a certa distância, uma senhora com duas crianças, uma pequena de colo, e outra maior de pé ao seu lado. A impressão que o missionário tinha era de que aquela mãe fazia algum tipo de prece, ou adoração. Por incrível que pareça, a senhora pegou o bebê e o jogou nas águas daquele rio. Desesperado o missionário gritou:

"Senhora, você está louca!".

"Não, estou bem consciente".

Então o missionário perguntou:

"A senhora matou o seu filho?"

"Não, eu não o matei, fiz uma oferta ao meu deus".

O missionário, tentando entender o que tinha acontecido, disse:

"A senhora tinha este filho que está aparentemente cheio de problemas físicos, por que não o ofertou então, em vez de lançar aquele bebê perfeito?"

"Ah! Moço, aprendi que todas as vezes que eu fizer uma oferta ao meu deus, é preciso oferecer o melhor, sem defeito, perfeita. Como aquele filho era o mais saudável, resolvi sacrificá-lo em oferta ao meu deus".

Curioso e indignado o missionário perguntou:

"Afinal de contas, posso saber quem é o seu Deus?".

Acredite se quiser, caro leitor, a senhora respondeu àquele missionário:

"O meu deus se chama crocodilo".

Se o mundo em seu paganismo dá e faz o melhor em seus intentos, por que os pregadores, não? Há inúmeras reportagens mostrando que, para que as festas de carnaval que se celebram em todo território brasileiro aconteçam, milhares e milhares de pessoas trabalham o ano todo para que saia tudo na mais perfeita harmonia.

Deus quer que o povo dele seja o melhor, tenha o melhor e viva com o melhor. Somos o melhor de Deus, imagem e semelhança dele; por isso, ao pregar sua Palavra, faça como se fosse sempre a primeira vez, tendo empolgação, zelo, alegria e satisfação, porque se fizer assim você colherá os frutos que dela serão plantados.

"As circunstâncias não fazem um homem.
Elas apenas o revelam."
(James Allen)

Referências bibliográficas

BARBOSA, Osmar. *A arte de falar em público*. Rio de Janeiro, Tecnoprint, s.d. 296p.

BARTH, Karl. *A proclamação do Evangelho*. São Paulo, Vida Nova, 2002.

BELTRÃO, Luiz. *Iniciação à filosofia do jornalismo*. Ensaio. Rio de Janeiro, Agir, 1960.

BERTOLOTE J.M.; FLEISCHMANN, A. (October 2002). Suicide and psychiatric diagnosis: a worldwide perspective (PDF). *World Psychiatry* 1 (3): 181–5. ISSN 1723-8617. PMID 16946849.

BLACKWOOD, A.W. *A preparação de sermões*. Rio de Janeiro, Aste, Juerp, 1981.

BOUSQUIÊ, G. *Psicologia prática da persuasão*. Barcelona, Hispano Europeia, 1961.

BROADUS, Jonh A. *O sermão e seu preparo*. Rio de Janeiro, Juerp, 1967.

BROWN, Charles T. *Introdução à eloquência*. Rio de Janeiro, Fundo de Cultura, 1961.

BUENO, Silveira. *A arte de falar em público*. São Paulo, Revista dos Tribunais, 1933. 222p.

BURT, G. *Manual de Homilética*. São Paulo, Imprensa Metodista, 1954.

CABRAL, Elienai. *O pregador eficaz*. Rio de Janeiro, CPAD, 2000.

CANDAU, Vera Maria. *Rumo a uma nova didática*. Petrópolis, Vozes, 1989.

CARVALHO, J. Gomes de. *Discursos para todas as ocasiões.* Rio de Janeiro, Ouro, 1967.

CÓDIGO DE ÉTICA. Apostila. ORMIBAN. 2000.

CÓDIGO DE ÉTICA. Apostila. OMEB. 2000

CRUZ, Malpique. *Arte de conversar: um pouco da sua filosofia.* Porto, Ed. Educação Nacional, 1950.

DEMO, Pedro. *Desafios modernos da educação.* São Paulo, Cortez, 1993

DIAS, José de Oliveira. *Novo curso de oratória sagrada.* 2ª ed. Porto, Liv. Apostolado da imprensa, 1948.

Dicionário Wiycliffe. 4ª ed. Rio de Janeiro, CPAD, 2008.

FATUS. Faculdade Teológica Útil do Saber. Espírito Santo. *Apostila de Heresiologia,* 2007.

IVEY, Paul W. *A arte de vender.* Trad. de Enéas Marzano. Rio de Janeiro, Mérito, 1948.

JONES. Martyn Lloyd. *Pregação e pregadores.* 2ª ed. Fiel, 2008.

KIRST, Nelson. *Rudimentos de Homilética.* 3ª ed. São Paulo, Sinodal, 1996.

MAJORANA, Ângelo. *A arte de falar em público.* Trad. de Fernando de Miranda. São Paulo, Saraiva, 1945.

MARINHO, Robson Moura. *A arte de pregar.* São Paulo, Vida Nova, 2002.

MENEZES. Antônio Carlos Fonseca de. *Bases para um ministério vivo.* 2ª ed. São Paulo. Gráfica e Editora Ltda., 1995.

MORAES, Rúbens Arantes. *Curso prático de oratória.* São Paulo, Sesi, 1960.

NEVES, Rubens Nazareno. *Discursos e palestras.* Brasília. Universidade de Brasília, 1967.

OLIVEIRA, Marques. *Como conquistar falando.* 2ª ed. Brasília, Ediouro, 1980. (Col. "Saber Atual").

OLIVEIRA FILHO, João de. *Falar em público*. 2ª ed. Rio de Janeiro, Civilização Brasileira, 1963.

ORTIZ, Juan Carlos. *O discípulo*. 6ª ed. Betânia, 1980.

PANORAMA DA COMUNICAÇÃO COLETIVA. Rio de Janeiro. Fundo de Cultura, 1964.

PASTORE, John A. *A história das comunicações*. São Paulo, Cultrix, 1966.

PENTEADO, J. R. W. *A técnica da comunicação humana*. São Paulo. Pioneira, 1964,

PETRIZI, Paulo Rogério. A importância do ministério da pregação para a igreja cristã. www.pregaapalavra.com.br/artigos. 2008.

O uso do material ilustrativo no sermão. www.pregaapalavra.com.br/artigos. 2008.

POLITO, Reinaldo. *Como falar corretamente e sem inibições*. 92ª. ed. São Paulo, Saraiva, 238 p.

PORTER, Paulo C. *Cartilha do pregador*. Rio de Janeiro, Juerp, 1962.

REDFIELD, Charles E. *Comunicações administrativas*. Rio de Janeiro, Aliança Para o Progresso, 1967.

REIFLER. Hans Ulrich. *Pregação ao alcance de todos*. São Paulo, Vida Nova, 2002.

REIS, Antônio de Pádua. *Oratória, liderança e eficiência pessoal da arte e da técnica*. São Paulo, Atlas, 1964.

RICCA, Paolo. *Pregar Hoje o Evangelho*. Portugal, Edição do Seminário Evangélico de Teologia, 1996.

SENGER, Jules. *A arte da oratória*. Trad. de Carlos de Ortiz. São Paulo, Difusão Europeia do Livro, 1955.

SETREP – Serviço de Treinamento e Preparação de Pregadores. Espírito Santo. *Apostila*, 2007. 13p.

SHEPARD, J.W. *O pregador*. Rio de Janeiro, Juerp, 1959.

SILVA, Ronaldo Gomes. *Manual do pregador*. Rio de Janeiro, 1997.

SILVA, Severino Pedro da. *Homilética: O pregador e o sermão*. Rio de Janeiro, CPAD, 2003.

SILVEIRA BUENO, Francisco da. *A arte de falar em público*. 6ª ed. São Paulo, Saraiva, 1954. 203p.

SOMMERAUER, Adolf. *Guia do pregador*. 3ª ed. São Leopoldo, Sinodal, 1984.

TEIXEIRA, Ivonildo. *Holocaustos de valor*. São Paulo, Candeia, 2001.

VALADARES, Samuel Rodrigues. *Anotações sobre oratória*. Espírito Santo, 2006.

Sites consultados

http://pt.wikipedia.org/wiki/Suic%C3%ADdio

http://www.espiritualidades.com.br/Artigos_M_R/Melo_Gilson_intelig_.htm

http://pt.wikipedia.org/wiki/C%C3%ADcero

http://pt.wikipedia.org/wiki/Dem%C3%B3stenes

http://pt.wikipedia.org/wiki/And%C3%B3cides_de_Atenas

http://www.advir.com.br/sermoes/artedefalar.htm/Pr. Jones Ross

http://www.palavraprudente.com.br/estudos/antonio_cd/miscelanea/cap02.html

http://www.sitequente.com

http://teologia-vida.blogspot.com

www.homiletica.hpg.com.br

http://pt.wikipedia.org

http://padom.com.br
http://solascriptura-tt.org
http://www.advir.com.br
http://www.monergismo.com
http://www.ultimato.com.br
http://www.imn.com.br/
http://www.infopedia.pt
http://www.g37.com.br

"*A tua teologia é aquilo que tu és quando a conversa cessa e a ação começa*".

(Collin Morris)

INFORMAÇÕES SOBRE NOSSAS PUBLICAÇÕES
E ÚLTIMOS LANÇAMENTOS

Cadastre-se no site:

www.editoraagape.com.br

e receba mensalmente nosso boletim eletrônico.

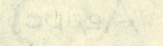